fim:
para onde
vão os
finais felizes?

fim:
para onde vão os finais felizes?

gabie fernandes

academia

Copyright © Gabie Fernandes, 2023
Copyright © Editora Planeta do Brasil, 2023
Todos os direitos reservados.

PREPARAÇÃO: Ligia Alves
REVISÃO: Tamiris Sene e Bonie Santos
PROJETO GRÁFICO E DIAGRAMAÇÃO: Nine Editorial
CAPA: Beatriz Borges
ILUSTRAÇÕES DE CAPA E DE MIOLO: Nestor Jr.

DADOS INTERNACIONAIS DE CATALOGAÇÃO NA PUBLICAÇÃO (CIP)
ANGÉLICA ILACQUA CRB-8/7057

Fernandes, Gabie
 Fim... para onde vão os finais felizes? / Gabie Fernandes. - São Paulo: Planeta do Brasil, 2023.
 160 p.

ISBN 978-85-422-2289-0

1. Desenvolvimento pessoal 2. Amor I. Título

23-3338 CDD 158.1

Índice para catálogo sistemático:
1. Desenvolvimento pessoal

Ao escolher este livro, você está apoiando o manejo responsável das florestas do mundo

2023
Todos os direitos desta edição reservados à
EDITORA PLANETA DO BRASIL LTDA.
Rua Bela Cintra, 986 – 4.ª andar
Consolação – 01415-002 – São Paulo-SP
www.planetadelivros.com.br
faleconosco@editoraplaneta.com.br

A todos os meus ex-amores.

Sumário

Para início de conversa... 11
Depois do fim... 17
Eles sempre voltam.. 23
Cidades imensas em mim 29
Já não aceito menos do que entrego 35
Quantas mulheres eu sou?.. 41
Como se perder a dois... 47
Término global... 51
Trilha 57
Sobre dias ruins e shopping center.. 63
Engano 69
Certezas... 73
Cicatrizes, pregos e casa de vó 77
A chuva da janela mais eu.. 83
Fique bem! É uma ordem 89

A todos os meus ex que fizeram de mim
uma mulher inteira 93
O amor da minha vida não é o pai dos meus filhos........99
Conversa final 107
O tempo que o tempo tem 113
Tudo que vem de bom do ruim 117
A dificuldade de fazer o mínimo 123
O medo do agora 129
Humor é para todos 135
Este texto não é sobre água 141
O hormônio dos solteiros...147
Fim 153

Para início de conversa

Sempre digo que eu sou um para-raios de problemas. Por algum motivo as pessoas se sentem livres pra desabafar comigo. Não levo jeito pra conselhos, mas sou uma boa ouvinte, deve ser por isso.

Um dia desses uma das minhas grandes amigas me mandou mensagem falando sobre uma das muitas crises de amor pelas quais ela estava passando com o mesmo cara. Meu coração também não estava na melhor fase, e achei uma boa ideia a gente passar o dia juntas falando sobre nada.

Rimos, choramos e nos preenchemos. As mulheres têm este poder: nós nos curamos!

Já passava das 20h quando eu chamei o Uber. Calculando rapidinho o tempo da corrida, eu chegaria em casa perto das 20h30 e ainda daria tempo de ver um episódio de *The Big Bang Theory*.

O motorista chegou, eu entrei e ele perguntou, como quem não quer nada:

— Indo passear, moça?

Eu sorri mesmo de máscara e respondi, num tom brincalhão:

— Tô indo pra casa, só vim dar um cheiro numa amiga que tá com dor de desamor.

Ele parou, pensou e disse:

— Ah, é? E eu posso te contar a minha história?

Sabe aquela cena do filme que antecede uma grande virada de chave? Aquele momento curto que faz o roteiro ficar empolgante? Foi isso que eu senti. Estava ali o meu plot twist.

O motorista começou a falar então da ex-esposa. Ele contou que ainda era apaixonado, mas ela não queria mais, que ele tinha certeza de que era a mulher da vida dele, que ele faria de tudo pra tê-la de volta, que nunca havia sofrido tanto. Ele começou a chorar.

Perto das 20h30, conforme previsto, ele chegou na minha casa. Encostou o carro e desligou o aplicativo. Abaixou o banco, bebeu um gole de água. Eu aproveitei a pausa pra avisar minha mãe que havia chegado, mas iria demorar pra subir... Ele continuou chorando enquanto eu reunia todos os meus bons conselhos, do alto dos meus vinte e cinco aninhos, sobre amor e tentava dar um vislumbre de esperança para aquele homem que tinha idade pra ser meu pai.

As horas foram passando. Perto das 22h30, visivelmente mais calmo, ele pediu desculpas por ter esticado tanto a conversa, por ter chorado e por ter tomado o meu tempo.

Eu respondi que não tinha problema e contei pra ele que falar de amor era a minha coisa favorita na vida... E disse que eu tinha um presente – simples, mas de coração. Subi no meu apartamento, peguei um exemplar do 23 MOTIVOS PARA NÃO SE APAIXONAR, autografei, entreguei e falei, com todo o carinho que consegui reunir numa frase:

— O AMOR É BOM, eu juro!

Ele ficou emocionado e nós trocamos telefones, afinal, eu fiquei preocupada.

Contei o caso curioso pra minha mãe e ela não se surpreendeu:

— Tem algo em ti que exala amor...

Achei bonito.

Pouco tempo depois, seu Alexandre, o motorista do Uber, me escreveu contando as boas-novas: tinha decidido cortar contato com a ex, tava se cuidando e fazendo terapia. Ia viajar e tinha decidido trocar de carro.

Um relacionamento saudável é lindo de ver, principalmente quando é com a gente mesmo.

Nesse dia eu entendi que não basta só falar de amor; é preciso também falar de *desamor*. As pessoas só querem ser ouvidas. Que privilégio ser esse para-raios de problemas!

É no fim que encontramos os começos, disso não tenho dúvida!

Se o teu coração está machucado, saiba que tem cura.

Que cada capítulo deste livro seja como um abraço quentinho, um pote de sorvete e uma conversa longa com alguém em quem você confia.

Amor é bom, principalmente o próprio!

Mil beijos,

Gabie

Depois do fim

Do lustre saem duas rachaduras grandes. Uma é mais grossa, perdeu uma lasquinha de reboco e dá pra ver uma linha cinza do concreto. E ela sai bem do ponto onde foi parafusada a estrutura de metal. A outra rachadura sai da primeira rachadura – uma ramificação da destruição – e segue até a extrema ponta do quarto, divisa entre as paredes. Por muito pouco não faz o caminho vertical e vem descendo até o piso. Consigo reparar nas faixas de tinta branco gelo malpintadas, cada uma indo pra um lado, numa malfeita dissincronia artística. Isso que dá não chamar um pintor profissional.

Há quanto tempo estou deitada na mesma posição? Não sei dizer ao certo, mas é tempo suficiente pro mundo escurecer lá fora e eu conseguir narrar com precisão assustadora os caminhos do teto.

Não tenho forças pra sair daqui. Não sinto fome. Nem sede. Talvez devesse ir pro banho, mas não consigo me mexer mesmo. Não sei que horas são, ou se alguém ligou. O telefone foi obrigatoriamente colocado no silencioso. A cada notificação, meu peito pulava achando que era ele.

O que se faz depois do fim? As pessoas falam sobre chorar muito, viver o luto e depois sair, encontrar alguém, dar uns beijos em uns desconhecidos e então voltar arrependida pra casa querendo ligar pro ex, e isso se repete uma infinidade de vezes até passar a fazer sentido viver sem o cheiro, a pele, o beijo, o amor do outro. E aí a falta passa e tudo fica bem. Eu sei disso tudo. Ainda assim, o que se faz logo depois do fim?

Viver o luto é plano pra amanhã. Sair pra beijar na boca é plano pro mês que vem, sendo bem otimista. E hoje? Agora que ele acabou de sair daqui, que disse que não precisamos mais conversar e que tudo já foi dito... O que eu faço neste depois? Que é agora?

Não tenho vontade de chorar. Tenho a impressão de que estou vivendo um limbo: não é um pesadelo, mas também não é real.

Tenho vontade de ligar pra ele, mas me falta assunto. Talvez eu possa achar algo dele esquecido por aqui, uma blusa, um par de meias. Qualquer coisa que justifique uma ligação corriqueira. Aí quem sabe puxar assunto... "A gente poderia tomar um café!", eu diria, e depois completaria com "como amigos, claro!".

Como amigos...

Não há lenda urbana de que eu goste mais do que a do ex que vira amigo. Não que eu não acredite que esse tipo de coisa possa acontecer, mas eu sei também que leva tempo. Assim como numa empresa, você não pode rebaixar alguém de cargo. E se necessário for realocar alguém, é preciso antes demitir e então readmitir no novo cargo; confuso, certo?

O problema é que nesse caso o RH é o coração, e aí já viu. Nada faz sentido mesmo.

Mas não. Não vou ligar, não vou procurar objetos perdidos dele nem sequer mexer nas coisas que ele me deu. Prefiro deixar as lembranças quietas.

Prefiro acreditar que isso é possível mesmo que tudo à minha volta lembre ele ainda que eu não esteja com ele, mesmo que os objetos em questão não tenham relação com ele.

Os livros que eu comprei me lembram ele porque estão marcados na última página que ele leu.

O meu quadro de avisos do trabalho me lembra ele porque uma vez, um dia, ele colocou ali uma foto nossa.

O meu box do banheiro lembra ele porque foi onde ele desenhou um coração.

A cortina lembra ele porque foi ele quem me ajudou a escolher.

Tudo me lembra ele e tudo grita a mesma pergunta incessantemente: como pode alguém viver comigo, me amar e simplesmente escolher ir embora de um dia pro outro?

Já sei o que se faz depois do fim: a gente tenta a todo custo achar respostas pra perguntas que nem queríamos fazer.

Viver o luto é plano pra amanhã.
Sair pra beijar na boca é plano pro mês
que vem, sendo bem otimista. E hoje?

Eles sempre voltam

Há estudos que dizem que, para de fato incorporar um hábito na sua vida, são necessários 21 dias de prática constante.

Mesmo assim, nos meses seguintes você ainda corre o risco de uma ou outra recaída.

Uma verdade absoluta que é bom ter em mente é: recaídas e hábitos andam juntos.

Tenho amigos que fumaram dois ou três cigarros de forma esporádica depois de terem erradicado o vício das suas vidas com veemência. Ou gente que desistiu da academia mesmo pegando firme por um mês e pouquinho, tomando whey como se fosse água e enchendo os armários de creatina e barrinha de cereal.

Os hábitos e as recaídas dos hábitos estão sempre aí, pairando sobre nós.

É normal cair de vez em quando. Tem dias em que a motivação não vem junto e a disciplina falha. Quase sempre é questão de tempo pra voltar pro rumo.

É por esse motivo que existe uma grande certeza na vida: os ex sempre voltam.

É mais forte que eles, é a força do hábito. Ou a força da recaída.

Pode ser na semana seguinte, um mês depois ou um pouco mais tarde.

As recaídas são sutis: ele pode perguntar de você pros seus amigos, ou pode usar de uma data especial pra tentar um contato. Pode usar como pretexto os seus pertences que ficaram na casa dele ou então recorrer à boa e velha tática do "Ouvi/comprei/li/fiz tal coisa e lembrei de você".

E aí, na maioria das vezes, o coração acelera, a mão sua e uma centelha adormecida de esperança volta a queimar de forma ardente no nosso coraçãozinho machucado. Incrível como a gente sempre tem potencial pra ser mais boba que da última vez, né?

Minha avó, que era mulher sábia, dizia sempre que ex é como visita intrometida: espera sentir cheiro de coisa boa pra aparecer como quem não quer nada.

Fato: é estar bem que o ex surge. Parece que eles esperam o momento exato.

Só que, sendo bem realista, essa aparição sinistra não é de todo ruim.

Isso porque de fato pode ser uma reaproximação, e vocês podem voltar, começar uma nova relação e seguir felizes, com leveza. Os caminhos do destino são mais do que desconhecidos, são também improváveis: eles brincam com o impossível e sempre surpreendem. Vai saber. Tenho amigos que ficaram separados por meses e então, num dia qualquer, se viram e pronto: tava feito o enlace. (Eu sou romântica e ainda abro espaço pra esse tipo de coisa! Vai saber, né?)

Tirando essa fanfic da jogada, o famoso reencontro com o ex tem lá suas vantagens.

A gente tem mania de romantizar nossas antigas relações. Parece que o tempo funciona como uma borracha naquilo que foi ruim, e cada vez mais os amores passados parecem perto do perfeito: o sexo era incrível, os beijos, impressionantes, o papo era sem igual e a sinergia era fora do comum.

Reencontrar o ex dá uma nova noção de realidade. Você lembra que aquela relação não estava perfeita, que a pessoa tinha defeitos e que o fim foi de certa forma necessário.

A gente lembra que não aguenta mais ouvir as mesmas histórias, lembra que o jeito arrogante era demais pra você, lembra que as críticas ao seu jeito de viver continuam firmes no pensamento da criatura e que de alguma forma ele sempre vai te ver como você era, e não como você é hoje.

Porque é isto: a gente muda. Um término é como um intensivão de emoções, e de repente você não é mais a mesma pessoa que foi abandonada. Você fez uma viagem, cortou o cabelo, reatou uma amizade, voltou pra terapia.

Você mudou! E, quando a gente muda, pro antigo encaixar é difícil, doloroso, antinatural.

Às vezes a nossa recaída é também a nossa salvação. Olhar para o outro com olhos de realidade não é só necessário para seguir em frente como também é libertador, principalmente pro outro. Imagina que terror ser a pessoa perfeita só na memória de alguém. Que crise!

Sou a favor das recaídas. Elas dão certo mesmo quando dão errado. Dar uma nova chance é também voltar a olhar pro outro com olhos humanos.

E é muito mais fácil terminar com um humano do que com o deus grego que a gente cria internamente.

Eles sempre voltam. Felizmente, você não.

Às vezes a nossa recaída é
também a nossa salvação.

Cidades imensas em mim

Banhos escaldantes têm seu valor, eles são minha poesia. Gosto do vapor tocando no vidro frio do box e condensando imediatamente. Várias gotinhas de água caem, ora rápidas, furtivas, ora lentas, calmas. A vela em cima da pia de mármore é a única luz ali.

A chama dança de um lado pro outro e reflete – ou refrata? como é que se diz? – nas gotinhas do box, e ali de onde eu estou sentada, abraçando meus joelhos embaixo da ducha, as centenas de luzinhas, pequenos brilhinhos, se transformam na minha frente numa cidade imensa. Eu vejo o brilho de uma cidade à noite, eu vejo prédios inteiros acesos, janelas iluminadas. Ali na tela de vidro eu vejo Milão, Paris, Nova York... Não, acho que é São Paulo. Algo me diz que é São Paulo.

Será que alguém na minha cidade particular está acordado? Alguém levantou cedo pra pegar o metrô na minha cidade particular? Alguém teve o coração partido por agora?

Será que alguém na minha cidade particular chora neste momento? Será que alguém na minha cidade particular acaba de bater a porta com raiva na cara de um ex-amor?

A água quente bate nos ombros e eu os sinto completamente doloridos. Me sinto quebrada. Estou em metades? Eu ando estressada demais, ainda mais agora.

Foi num banho desses escaldantes durante um inverno, mais gelado que o normal, que você disse pela primeira vez que me amava. Será que você ainda lembra disso? Será que você lembra de mim de alguma maneira? Você estava abraçado comigo, disse que não aguentava mais não falar... E então você falou, com todas as letras: *Eu te amo*. Meu coração parou na hora, mas eu disse um "Eu também!".

Não é incrível como nesses momentos o fim parece impossível? Estar com você era tão certo como o vapor condensar no vidro: era físico, real, era um fato, não era relativizado. Era porque era, e isso bastava.

Volto os olhos pra minha cidade particular. Mini São Paulo. A minha mini São Paulo. Minha salvadora. Quando decidi fugir de tudo que me lembrava você, eu não imaginava vir pra tão longe, mas, sabe, é delicioso olhar pra cada coisa dentro do meu apartamento minúsculo e não ter nenhuma lembrança sua por aqui. Nada. Não tem uma briga, uma risada, um filme assistido, um objeto comprado ou uma refeição feita. Caminho entre a sala e a cozinha num delicioso e agradável vácuo de lembranças. Um vazio que me abraça.

Nada aqui me lembra você, e muito possivelmente eu só lembro da sua existência quando enxergo os brilhos difusos na tela de vidro do box. E ainda assim machuca a ponto de os ombros ficarem tensos.

Talvez alguém tenha acabado de ter o coração partido na minha cidade particular de luzes. Eu sugiro que vá pra longe. Lembrança alguma supera o fator distância. Meu pequeno cidadão da minha pequena cidade particular, você deve viver em paz! E viver com um fantasma do passado é travar uma guerra constante com o amor-próprio. Suma. Desapareça. Bloqueie. Ao se lembrar dos "Eu te amo" ditos embaixo d'água, lembre-se também dos adeuses que te tiraram o ar, ditos de tantas formas que não é possível enumerar em um livro só. Vá pra longe, aproveite o caminho. Se ame, se abrace e deixe a água correr pelos ombros. Relaxe. Ninguém vale esse estresse.

Viver é mais leve do que isso, é mais gostoso do que isso. Lembre da máxima que diz que o amor é bom. Nem todo relacionamento é, mas a gente supera.

A vela se apagou. A chama se foi e com ela a minha pequena cidade particular. Não pude me despedir dos meus pequenos cidadãos, não consegui dar um último conselho, mas sei que eles ficarão bem. Sempre ficamos todos, afinal.

Desliguei o chuveiro. Peguei a toalha. Me olhei no espelho embaçado. Meus olhos grandes têm um brilho diferente por aqui. Ensaio um sorriso e me sinto feliz. Consciente. Presente.

Pensei que tivesse vindo pra São Paulo pra fugir de você, mas na verdade eu vim me encontrar.

Não estou em metades. Nunca estive. Hoje eu me sinto inteira.

Viver com um fantasma do passado é travar uma guerra constante com o amor-próprio.

Já não aceito menos do que entrego

Desde que vim morar em São Paulo, passei a sentir uma gratidão ainda maior pela minha mãe. Morando sozinha, longe de tudo e todos que conheço, percebi que a generosidade da minha mãe estava em todo canto, desde o óbvio, como a comida na mesa, até o mais sutil, como o fato de deixar a canela em pó do lado da cafeteira, porque ela sabe que eu tomo meu café assim, sempre.

Essa gentileza toda só fez a falta ser maior, e foi por isso que entrar no Decolar no dia das mães foi quase automático. Não conseguiria passar a data longe.

Passagem comprada, malas feitas e rumo até Congonhas tomado.

Quando entrei no avião, semivazio, o desconforto da máscara e o lugar meio apertado no corredor da fileira 12 me fizeram desejar chegar em Floripa o quanto antes.

Do outro lado do corredor, uma mulher que parecia ter seus trinta e poucos anos aconselhava o filho pequeno:

— Quanto mais você se agitar pensando na chegada, mais longo o caminho vai parecer. Te aquieta.

Tomei o conselho pra mim, coloquei meus fones e fechei os olhos.

Passados alguns minutos no ar, resolvi pedir uma água. Viajando dentro dos meus próprios pensamentos à espera da aeromoça, pousei a visão na mãe e no filho de antes.

A moça estava encostada na janela, olhos fechados, braços cruzados. O filho via um desenho no celular. Parou uns segundos pra olhar pra mãe. Tirou o cinto, saiu do lugar dele e sentou no colo da mulher adormecida. Ela semiacordou e abraçou o menino como pôde, mas ele já era grande demais – mesmo que as mães digam que os colos estão sempre disponíveis independentemente da nossa idade, a física nos lembra que dois corpos não podem ocupar o mesmo lugar no espaço.

As canelinhas na calça jeans pressionadas contra o descanso de braço, os tênis buscando apoio ora no banco, ora nas coxas da mãe, o menino se agarrava às mãos da mulher, tentava se encaixar na curva do pescoço, a camiseta do Homem-Aranha revirada. Ele estava totalmente torto e tentava fechar os olhinhos pra descansar, mas voltava a se ajeitar sem jeito... Tudo parecia terrivelmente desconfortável; mesmo a mãe tentando abraçá-lo, tudo aquilo parecia complicado demais pra permanecer como estava...

Foi então que eu me vi ali. Quantas vezes não entrei em lugares pequenos demais pra mim só pra buscar o mínimo de carinho? Quantas vezes não me diminuí pra caber no colo do outro?

Eu me permiti permanecer em desconforto pra tentar me sentir amada achando que todo esse sacrifício era o certo.

Mais de uma vez entrei numa relação bem comigo mesma e saí mal. Mais de uma vez priorizei o outro e esqueci de mim pra tudo aquilo valer a pena. Não culpo o outro; quem precisava ver minha grandeza era eu.

Não sabia dizer o papel do outro nessa história até ver a mulher tirar com todo o carinho do mundo o filho de cima das suas pernas, colocá-lo no banco ao lado, apertar o cinto, dar a mão pro menino e dizer, com uma voz doce:

— Assim é mais seguro.

É isso. Assim é mais seguro. Segurança e nada mais. A gente só quer ser amado pelo que é e se sentir seguro disso.

Não quero mais me sentir menor do que eu desejo ser; eu nasci pra ser grande. Preciso de alguém que me celebre. Alguém que me ame enquanto estou segura.

Mães sempre sabem das coisas, mesmo as que eu não conheço.

Cheguei em Floripa. Senti cheiro de verão. Fui pra casa.

Abracei minha mãe. Chorei: eu ainda cabia naquele colo.

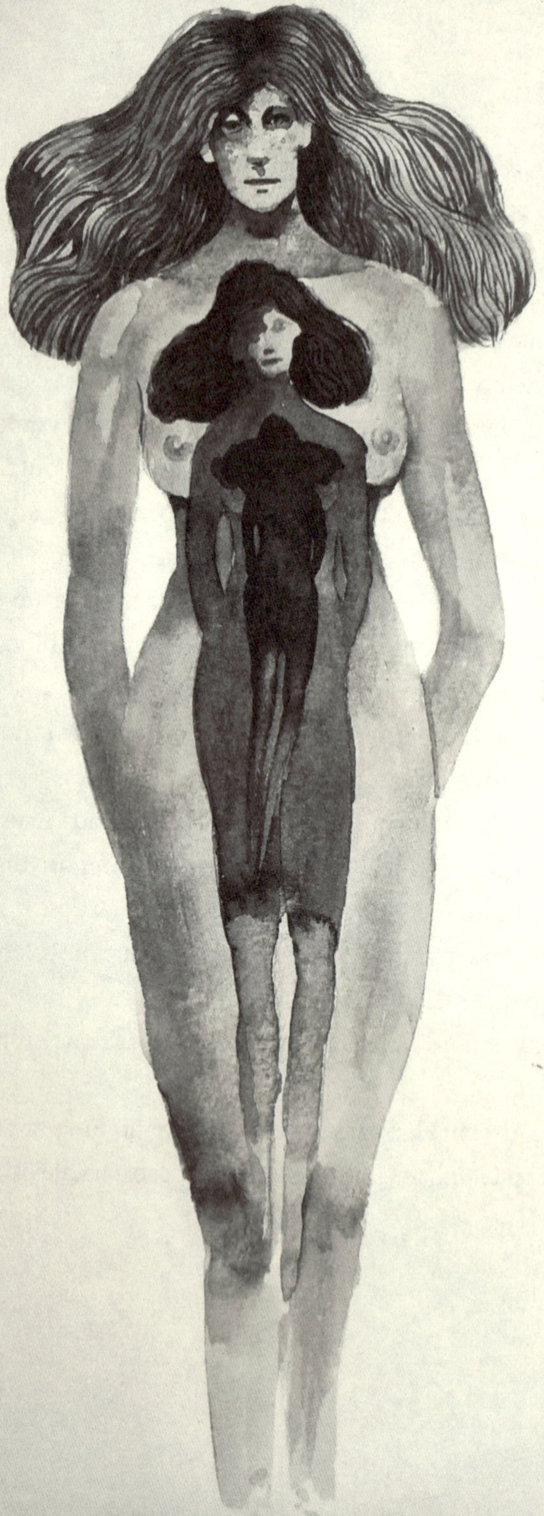

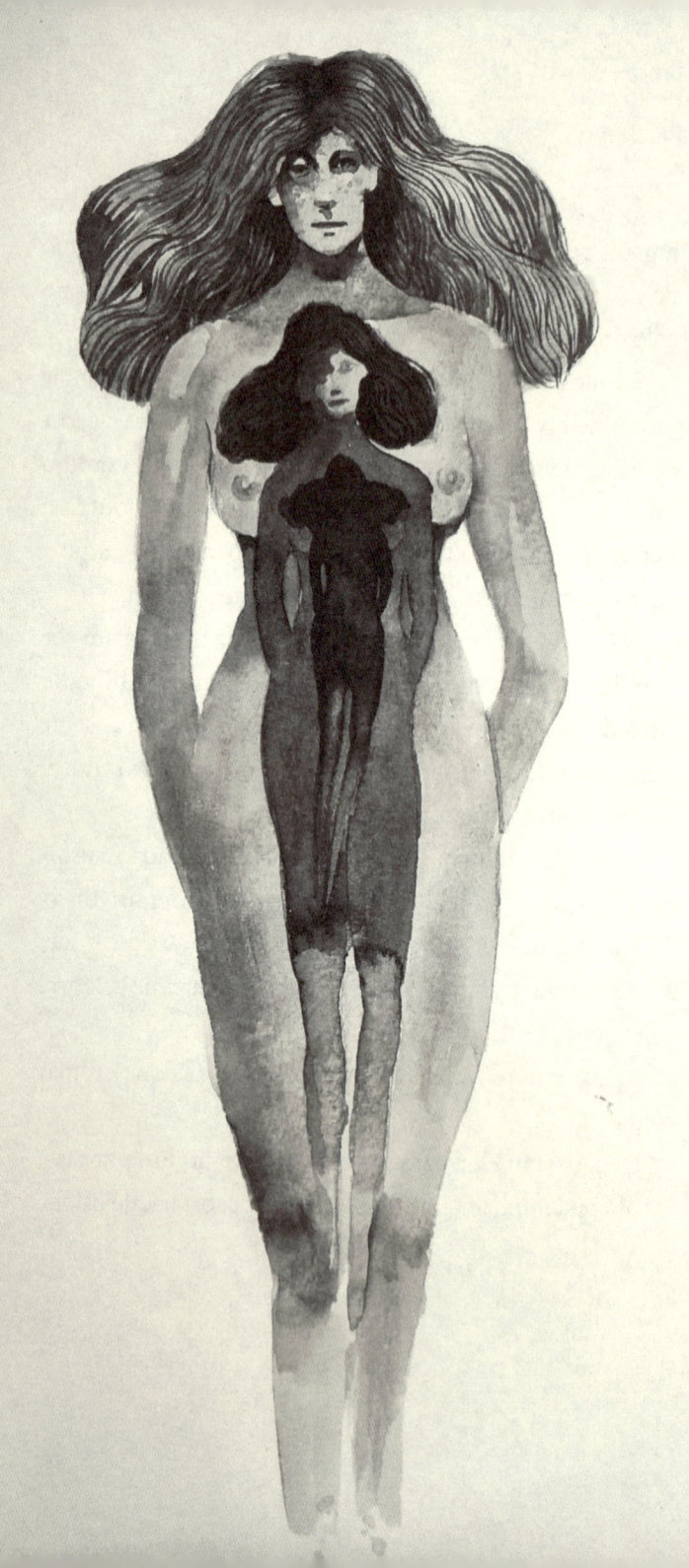

Quantas vezes não entrei em lugares pequenos demais pra mim só pra buscar o mínimo de carinho? Quantas vezes não me diminuí pra caber no colo do outro?

Quantas mulheres eu sou?

Você acha que entregou o seu melhor na relação?
Essa foi a pergunta que minha terapeuta fez logo após o término.

Meu ímpeto foi responder que não. Se tivesse entregado o meu melhor, nós estaríamos juntos. Entre lágrimas, sensação de fracasso e dormência, os dias seguiram.

E depois de um tempo em jejum, em meio ao nada, no meio de uma meditação silenciosa, eu entendi: entreguei o que tinha, e nem sempre eu tenho o melhor.

Não me sinto mais culpada por ter falhado. Porque no fundo eu não o fiz.

Eu me permiti ser real. E Deus sabe o quanto isso é difícil pra mim.

Eu não sou forte, independente, justa e engraçada todo o tempo. Eu sou ansiosa, eu tenho medo, eu falho muito, eu choro, eu peço colo e choro mais. Sinto coisas ruins e às vezes tenho inveja. Às vezes eu quero largar tudo e correr pra longe.

Eu sou muitas. Eu sou corajosa, mas me permito ser cuidada. Eu sou divertida, mas converso muito sobre dores e traumas. Eu amo ajudar, mas tem horas que sou impaciente. Eu adoro chocolate, mas sem motivo aparente enjoo de doce. Eu sou uma eterna descoberta até pra mim, que dirá para o outro.

No meio da última discussão que tivemos, eu ouvi que meus problemas eram grandes demais pra você. Hoje eu vejo que você tinha razão... Eram mesmo. Meus problemas não são grandes demais pra mim porque eu sou maior que eles. Você que não deveria estar no caminho.

As minhas muitas versões dão conta de tudo aquilo que me cerca. Não vou mais me esconder em perfeição pra me encaixar no mundo do outro. Não é justo com as mulheres que habitam em mim; precisamos de espaço. Somos imensas!

Só pode enxergar a beleza da minha versão bondosa, parceira, divertida quem aguenta a minha versão ansiosa, insone e exigente. Eu guardo o meu melhor pra quem suporta o meu pior com a gentileza do "Eu te conheço e sei que vai passar. Experimenta esse outro caminho".

Me enxergar no meio de muitas mulheres me fez dar um passo rumo à paz. Que delícia poder sentar com todas de mim e conversar sobre tudo que eu sou. Que poderoso me dar conta de que eu me completo. Eu me basto.

Teu adeus me salvou de tantas maneiras que eu nem saberia como agradecer. Te perdi pra me encontrar, e eu faria isso mais mil vezes. Tua falta me fez enxergar a abundância que eu carrego. Que lindo, que livre e que leve ser eu.

Se a sessão de terapia fosse hoje, minha resposta seria completamente diferente: sim, eu entreguei o meu melhor. E o meu pior. Eu entreguei tudo que tinha, por isso a sensação de que me sobrou tão pouco.

Sorte a minha ser tantas. Todas nós, todas de mim, temos a surpreendente capacidade de recomeçar.

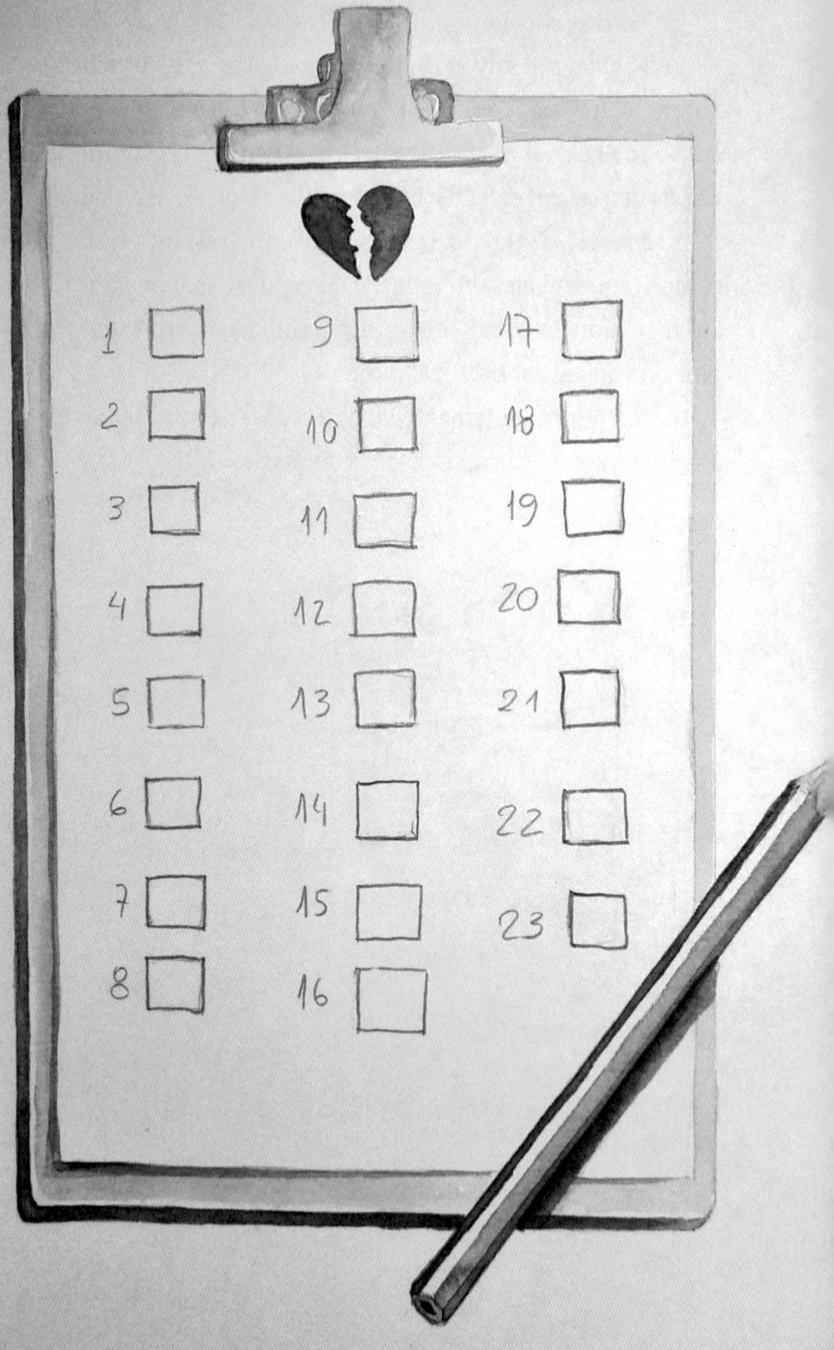
1
2
3
4
5
6
7
8
9
10
11
12
13
14
15
16
17
18
19
20
21
22
23

Teu adeus me salvou de tantas maneiras
que eu nem saberia como agradecer.

Como se perder a dois

Lista – não definitiva – de coisas a fazer pra perder o amor (o próprio e o do outro):
- Ultrapasse seus limites. Faça aquilo que te magoa até não aguentar mais.
- Culpe o outro por todas as coisas de ruim que acontecem no seu entorno. Tire sua própria responsabilidade de tudo.
- Deixe seus machucados falarem mais alto e nunca se entregue completamente a uma relação.
- Seja inflexível, não faça concessões.
- Seja grosso ao colocar seu ponto de vista na conversa. Esqueça a gentileza: é mais importante estar certo.
- Tire conclusões precipitadas: tudo é sobre você, mesmo que não seja.
- Esqueça de si mesmo e pense só na relação e no outro. Apague sua individualidade.
- Brigue pelas mínimas coisas. O importante é fazer valer a sua vontade.

- Deixe que mágoas e traumas do passado atrapalhem sua relação. Não é hora de olhar pra si mesmo. Esqueça a terapia.
- Sempre esteja preparado pra ir embora por qualquer motivo.
- Não converse. Diálogo é balela; guarde seus pensamentos somente pra você.
- Leve tudo a sério demais. Leveza é sinal de imaturidade.
- Nunca se desculpe.
- Não participe da vida do outro; não é importante.
- E também não deixe que o outro participe da sua.
- Minta e omita.
- Tenha sempre algum contatinho no radar, por via das dúvidas.
- Não cultive a sua autoestima; afinal, amor-próprio não é importante num relacionamento a dois.
- Supervalorize a opinião dos outros e desvalorize a sua intuição.
- Tenha medo de se relacionar e se apegue a isso.
- Sinta culpa de expor seus sentimentos.
- Não pense a longo prazo, não faça planos. Tudo pode acabar a qualquer momento, não se entregue. Deixe isso claro.
- Faça comparações o tempo todo.

Quantos pontos você fez nessa lista?
E o que mais você incluiria nela?
Já chega de buscar menos do que merecemos. O que você está esperando pra amar?

O que você está esperando pra amar?

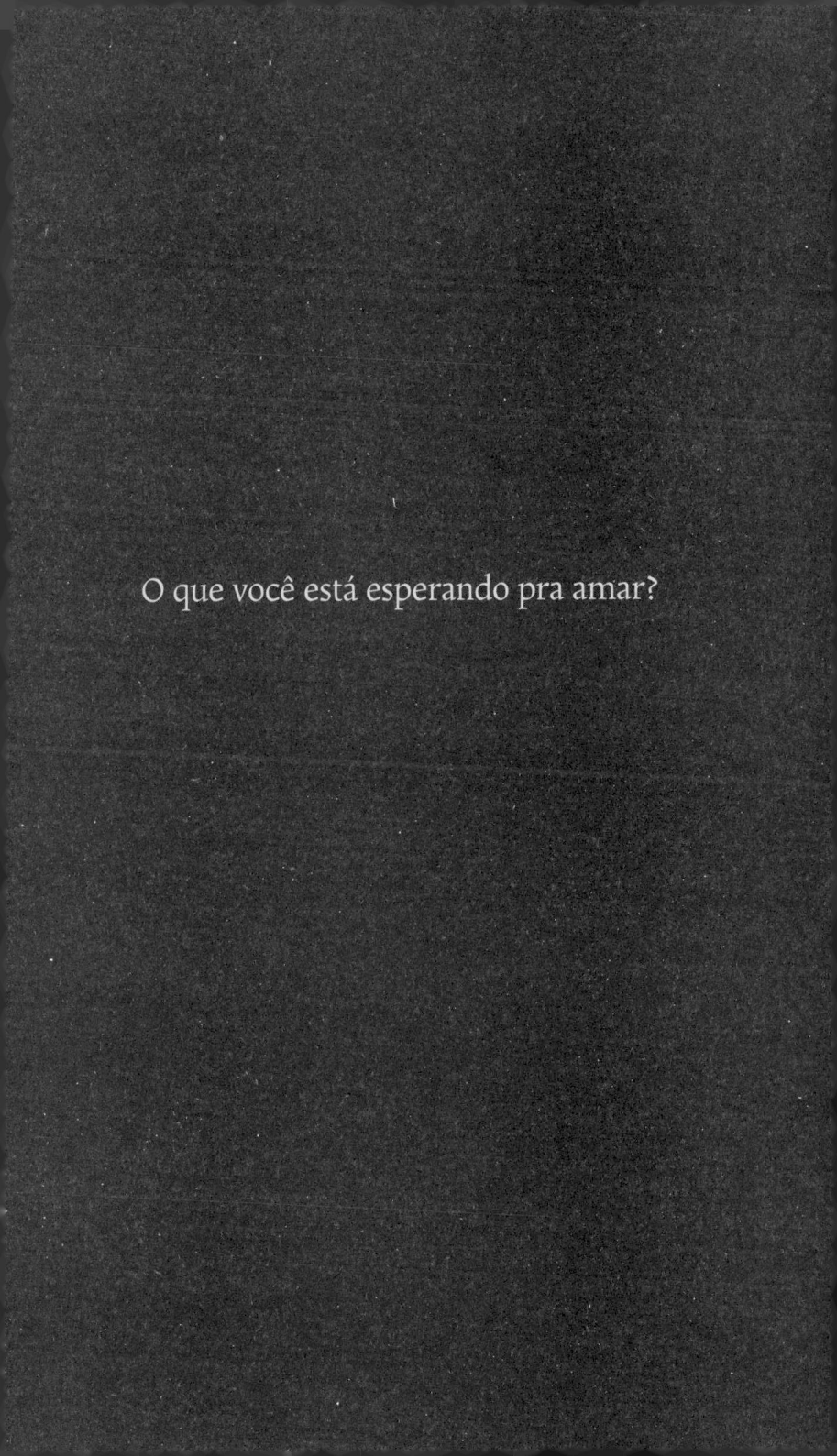

Término global

Já superei mil vezes o meu ex. Mas nunca vou superar meu ex-sogro. Meu ex-sogro tomava cerveja comigo, mandava mensagem pra saber se eu tava bem. Assim, do nada, fazia churrasco e pão de alho e também chazinho quando eu estava doente. Minha ex-sogra fazia máscara facial comigo e dividia os cremes de cabelo, fazia café sem açúcar do jeito que eu tomava e comprou louça nova pra minha mudança. A verdade é que já nem penso mais no filho deles, mas neles... Acho que nunca vou conseguir esquecê-los.

Não se termina um relacionamento *a dois*, por mais que se comece assim.

Mesmo um relacionamento monogâmico e fechado tem a participação de muita gente (às vezes mais do que deveria).

Quando você encerra um namoro, noivado, casamento, rompe também com a família, com os amigos, com as lembranças que ficaram de lugares específicos. Em um término morrem as piadas internas, os planos a dois, as férias planejadas e as viagens do futuro. Somem os nomes escolhidos pros filhos fictícios e também a rotina antes de dormir que vocês compartilhavam.

Essa é a parte que dói mais. Parece que temos que dar adeus a uma de nossas versões; nunca mais voltaremos a viver aquilo daquela maneira. Parece que aquela vida que tínhamos juntos é arrancada de nós; acordamos e já não temos mais as brincadeiras, os chazinhos e o creme pro rosto. Já não existe futuro a dois, é cada um por si. Ficamos perdidos porque temos que começar do zero uma trajetória com a gente mesmo, e depois criar outras conexões, fazer parte de outra família, encontrar outros amigos, ter novas piadas... é mais cansativo do que triste.

A questão aqui é que assim é pra cada um dos envolvidos. Nenhuma nora ou genro vai ser igual, nenhum amigo pode substituir o outro e nenhuma piada interna se repete. Esse ciclo engloba todo mundo ao mesmo tempo. Todas as partes desse fim sentem a mesma coisa de maneiras diferentes.

E sentir é importante; se enganar fingindo que tá tudo bem só alonga o caminho. O bom é já sentir logo pra não sentir sempre. Sofrer... Pelo ex, pela família dele e até pelas promessas não cumpridas.

Meus ex-sogros, logo que aconteceu o fim, mandaram mensagem dizendo que nunca vão me esquecer, e eu creio ser verdade. Nunca vou esquecer deles também, de absolutamente nada. Quando alguém ama a gente de maneira real e sincera, deixa uma marca impossível de ser apagada. Eu sinto isso.

Já não temos mais contato, mas eu sei que eles lembram de mim com carinho como eu sempre faço com eles. Pra mim essa é a parte mais importante do amor: em algum momento é real.

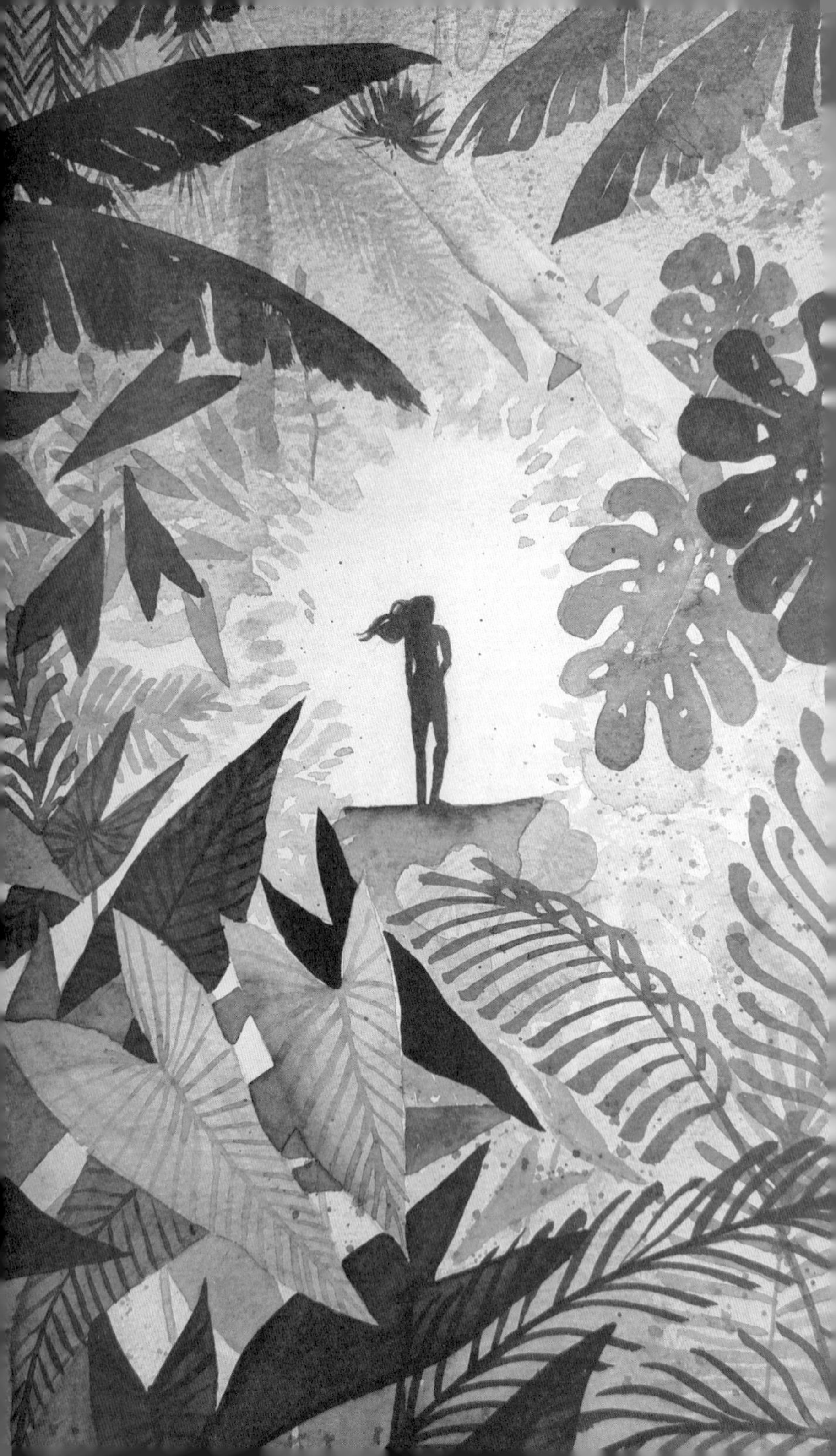

Essa é a parte que dói mais. Parece que temos que dar adeus a uma de nossas versões; nunca mais voltaremos a viver aquilo daquela maneira.

Trilha

Tem uma trilha de uma hora e meia na cidade de Atibaia. Trilha da Pedra Grande, eu acho. Algo assim. A trilha é íngreme, meio escorregadia. Mas lindíssima!

Me aventurei pros lados de lá esses dias. Tanto mato em volta, uma sensação de imensidão absurda. Todo mato tem um cheiro diferente, parece uma mistura feliz entre folhas e liberdade. Não tem como reproduzir esse aroma nem nas melhores perfumarias do mundo, ainda assim é um cheiro muito conhecido por qualquer um.

Não há lugar, pessoa ou coisa que me faça sentir mais eu do que estar no mato, rodeada de verde.

Subi a trilha, feliz. Encontrei um lagarto no caminho. Mais à frente parei pra meditar. Levei umas barrinhas de cereal e água. Escorreguei umas tantas vezes, até que cheguei na tão falada Pedra Grande.

A Pedra Grande, de forma bem simplista, é uma pedra... grande.

Tão grande que se pode deitar em cima dela, andar a passos largos e até fazer uma ciranda com vinte pessoas se você quiser.

O problema é que a partir de certo ponto não se vê nada. A pedra acaba num precipício. Não tem nada além do horizonte.

Em determinado momento, olhando para o final da Pedra Grande, eu travei. Imaginei mil maneiras de escorregar dali de cima. Ao mesmo tempo que minha imaginação é uma bênção, ela é também uma carrasca que me fez vislumbrar os mais diferentes desfechos em ricos detalhes.

Que terror horroroso eu senti. Não sou do time que tem medo de morrer, mas Deus me livre sofrer no processo. Quis imediatamente descer dali e seguir meu rumo feliz mato adentro em busca da civilização – e de um almoço também.

Tremi o corpo inteiro quando vi um menino, pequeno, se aproximando da ponta da pedra. Quis gritar SAI JÁ DAÍ!, mas faltou voz. Olhei pro lado em busca de algum responsável por aquela criança, e antes que eu pudesse mover um músculo o menino pulou. Ele simplesmente pulou da Pedra Grande.

Minhas pernas amoleceram, só que mais ninguém ali pareceu se preocupar. Onde havia ido parar a humanidade, enfim? Cadê a família da criança?

Poucos segundos depois o menino reaparece subindo a Pedra Grande pela trilha, vai até a ponta e novamente se joga. Por um momento achei que eu tava presa a uma das lacunas do espaço-tempo, e talvez só Einstein conseguisse me tirar dali. Depois cogitei a possibilidade de um déjà-vu sombrio, e um momento depois pensei que talvez fosse algo no estilo premonição macabra.

Parte da minha razão me fez ir até a ponta da pedra, ignorando todos os meus medos, pra entender aquele buraco de minhoca.

Foi então que eu percebi o que não passava de um truque pros meus olhos. Não havia um "nada" depois da pedra. Havia outra pedra, e outra, e outra ainda menor, formando uma escada esculpida pelo tempo que levava qualquer trilheiro em segurança por outro caminho. Não havia precipício. Não havia queda brusca e também não havia medo ou terror. Só havia mais daquilo tudo que eu já tinha visto: natureza, pedras e folhas verdes.

Depois do fim existe algo, afinal.

Quando terminamos um relacionamento, ficamos presos na dor, porque afinal é o que nos resta. Sem aquilo ali, o que sobra da pessoa? O que vem depois do fim?

Eu me agarrei tanto a todas as partes ruins que sobraram do meu ex-amor que nem poderia reconhecê-lo na rua se o visse. Eu me agarrei a todas as dores que ele deixou porque ainda assim eu o teria por perto.

Eu acreditei que sem ter isso eu não teria mais nada. Mas é tão cansativo odiar alguém. Quando deixei ir toda essa mágoa, eu me joguei da pedra.

E ali eu vi que tinha um lugar a mais. O término não é o fim.

Eu me aconcheguei na saudade, nas lembranças boas, no riso frouxo, nas piadas que se perderam ali, nos bilhetes escondidos que nunca serão achados. Encontrei um novo caminho.

Com o medo de pular daquela pedra, eu teria perdido tanta coisa: dois macaquinhos brincando numa árvore logo abaixo, uma família sorridente tirando uma foto engraçada, flores lilás com pequenas pintinhas cor-de-rosa, uma frutinha vermelha que eu não sei o nome, o cheiro já conhecido de folha e liberdade.

Com medo de superar o fim, eu teria perdido o melhor de nós: a nossa história.

Depois dos minutos de reflexão, me senti boba por não ter percebido o óbvio: a pedra não era um precipício, não era o que precedia uma queda brusca. Seria muita tolice deixar crianças brincando ali perto se ela fosse.

Desci, ainda com cuidado – não sou de me jogar, porque até mesmo pra atravessar o pós-fim é necessário respeito –, e segui meu rumo em busca do novo.

Sempre me sinto tão eu no mato. Tão livre, tão leve.

Mas dessa vez me senti fazendo algo ainda maior.

Me senti libertando os nós de nós dois. Depois do fim eu ainda te vejo num lugar de paz.

Depois do fim existe algo, afinal.

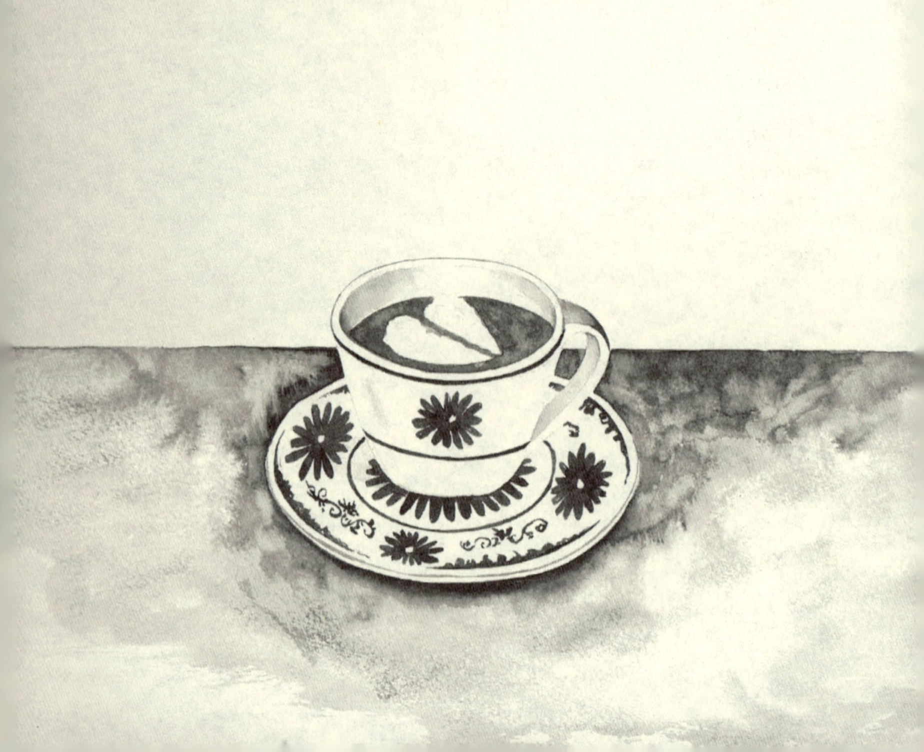

Sobre dias ruins e shopping center

Os dias por aqui são quase sempre bons: acordo no mesmo horário, consigo fazer um exercício ou outro, acendo um incenso, tomo um cafezinho. Não tenho do que reclamar.

Mas toda regra tem exceção, e os dias ruins, por mais que sejam minoria, ainda me incomodam bastante. Vez ou outra a saudade da família aperta, os amigos parecem distantes e mil crises de identidade batem na porta.

Sou feita de rotinas, e tenho uma até pros dias ruins. Em dias não tão bons eu vou ao meu restaurante favorito aqui em São Paulo e peço suco de abacaxi com chá de morango. Parece estranho, mas é bom, como quase tudo que me cerca. Eu compro flores amarelas ou cor de laranja. Passo batom vermelho e vou ao shopping. Só olhar. Tem alguma coisa no shopping, nas pessoas andando displicentes, que me alivia o estresse. Me parece que as pessoas despreocupadas vendo as vitrines têm todo o tempo do mundo e, dessa maneira, eu, que as observo, devo ter também.

Em um dia não tão bom da semana passada eu fui ao shopping. Gérberas laranja em uma mão, uma revista de moda na outra, caminhava como quem não tinha compromisso.

Enquanto descia a escada rolante rumo ao mercado (dias ruins pedem brigadeiro de panela), eu via um casal subindo na escada rolante paralela. Era um casal mais velho. Ele vestia uma camisa social, ela um vestido de tricô. Não sei se eram casados, acho que sim, mas não posso garantir. O que me chamou a atenção foi que ela estava em um degrau acima do dele e aproveitava a diferença de altura pra dar mil beijinhos pelo rosto do senhor de óculos que ria, ria e ria abraçado a ela.

Achei aquilo tão bonito que fiquei com vontade de fotografar. Sou apaixonada por histórias de amor. Nunca escondi ser uma romântica sem limites, e ainda assim as pessoas insistem em me tirar isso.

Por sempre falar tão abertamente sobre os finais de ciclo com meus ex-amores, sinto que abri uma porta de liberdade pra que falem o que quiserem de mim e de nós.

São sempre comentários maldosos, com um fundo cômico, falando nas entrelinhas a mesma coisa: tenho falhado incessantemente nos meus namoros e deveria desistir de ter qualquer tipo de relação.

A questão é que essa amargura nunca foi imposta por mim. Sou muito grata a todos que passaram pela minha vida, amo muito todas as minhas histórias de amor. E nunca me senti azarada em nada.

Olhando para o casal e sentindo meu dia ficando melhor graças àquela demonstração de afeto gratuita, eu entendi que a velha história da solteira amargurada não passa disso: uma história velha.

Não me permito gastar minha energia pra sentir algo que não seja verdadeiramente meu, e eu sou toda amor.

Ao meu próximo amor, só desejo que venha tranquilo, leve, que saiba aturar meus dias ruins, que não ligue pra opinião alheia sobre nós e que me dê mil beijinhos enquanto sobe a escada rolante abraçado a mim. Ah, e que compre flores amarelas ou cor de laranja.

Não me permito gastar minha energia pra sentir algo que não seja verdadeiramente meu, e eu sou toda amor.

Engano

Não sou fácil de ser enganada. Tenho uma desconfiança nata que me tira dos maiores perrengues. Nunca fui o tipo de pessoa que cai em golpe, leva trote ou faz Pix pra um estranho no WhatsApp. Sou antes do não que do sim.

Morro de medo de errar, por isso repenso mil vezes uma resposta. Não tenho espaço pra falha, e quando ela ocorre eu me encho de culpa. Pra não passar pelo desespero do autoperdão, eu tento a todo custo errar menos.

Por isso, quando disse que te amava e que estava certa de que era você o amor da minha vida, eu não pensei num plano B.

Não levei em consideração a possibilidade de errar. Era o que era e pronto.

E de todos os erros o maior é imaginar que todas as pessoas são como eu: só falam as certezas que têm.

É comum se autotapear e por conseguinte tapear o outro. Eu só não sabia disso.

Eu não era o amor da tua vida, eu não estava nos teus planos. Eu era um passatempo, um alívio da rotina e um bom jeito de crescer nas redes sociais. Eu era o oposto do que você era pra mim.

Não digo que a culpa é sua. Acho que demorei tanto pra me apaixonar de verdade que quando isso aconteceu entreguei tudo de mim sem olhar pro lado, ou melhor, sem olhar pra você.

Quanto mais profundamente você deixa alguém entrar na sua vida, mais difícil fica tirar essa pessoa de lá. Parece que as entranhas de um se moldam às do outro, se prendem, e o cordão é forte, não solta à toa.

Mas solta. E pela primeira vez eu digo com orgulho que me enganei: você não era o amor da minha vida; esse posto já tinha sido ocupado por mim.

Você não era o amor da minha vida; esse posto já tinha sido ocupado por mim.

Certezas

Não suporto sentir frio. Odeio ter que ficar esperando por qualquer coisa, tenho um ranço tremendo de fila. Não gosto de velórios, obviamente, mas gosto menos ainda do clima pós-velório: há o que fazer depois de uma despedida assim? Nenhum "espero que fique bem, conte comigo" é capaz de melhorar qualquer coisa. Não gosto de bis nos shows. Acho forçado, muito ensaiado, frio. Não gosto de série policial nem de filme policial, mas nada contra nenhum policial.

Não gosto de muitas coisas. Mas certamente a coisa que eu mais detesto é a minha incrível percepção do fim. Tenho a mágica intuição de prever términos.

E saber do fim de uma relação antes mesmo de chegar perto do adeus é uma maldição. É como manter um segredo consigo mesmo. O outro nem faz ideia, segue a vida, conta piadas, fala sobre eternidade e faz planos. E você ali, mantendo firme o seu mistério.

E não é por maldade, não. Pelo contrário. É por amar demais, e por achar que dessa vez a intuição errou, que pode ser diferente, que não há nada de errado agora, então por que há de ter no futuro? Ah, a esperança. Corrói mais que o próprio sigilo.

Eu sempre lembro do dia em que soube que o acabar era certo. Não brigamos, não discutimos, nem sequer trocamos olhares maldosos. Foi um dia bom. Começamos rindo, nos divertimos.

Em uma das tantas conversas que tivemos naquele dia, eu entendi que você me amava muito, mas não do jeito que eu queria.

E eu quero alguém que me ame do jeito que eu quero. Isso é excesso de autoconhecimento ou falta de entendimento do outro? É o meu ego falando ou apenas constatei o óbvio?

Você não viu, mas nesse dia eu chorei no banho. Você nunca me via chorando, eu nunca deixei. Mas queria deixar registrado que por você eu sofri muito.

E a culpa nunca foi sua. Era só essa maldita certeza do fim que eu tive desde o começo.

Saber do fim de uma relação antes mesmo de chegar perto do adeus é uma maldição. É como manter um segredo consigo mesmo.

Cicatrizes, pregos e casa de vó

Eu tenho uma pequena cicatriz na mão.

Na cozinha da minha avó existia um armário branco, pequeno e baixinho, de duas portas. Em cima dele ficavam o liquidificador e o micro-ondas.

O puxador do armário caiu algum dia, deixando uns dois centímetros de prego pra fora. Ficou naquela lista eterna de "coisas pra arrumar" e nunca ninguém arrumou.

Correndo pela casa, como eu havia sido proibida de fazer minutos antes, eu esbarrei no armarinho com o dorso da mão. O prego rasgou a distância do dedão até o mindinho. Não foi um corte profundo e horroroso, mas foi o suficiente pra mim.

Essa é a primeira lembrança de dor que eu tenho. Certamente eu tinha sentido dor antes, mas essa foi a mais marcante, acredito eu.

Chorei, gritando o "Vó Valda, socorro!", segurando a mão direita com a esquerda e vendo um filete de sangue passar pelos dedinhos. Lembro do pânico que senti achando que precisaria de cirurgia, lembro de chutar com o meu pezinho o coitado do armário que de nada tinha culpa. Minha vó gritava com meu tio dizendo que ele deveria ter arrumado o puxador enquanto havia chance. Um caos se instaurou, mas também durou pouco.

Fiquei com a mão enfaixada por um tempo. Mais por manha do que qualquer indicação médica; não foi lá aquelas coisas, nem levei ponto. Mas lembro nitidamente da dor como se fosse ontem. Também lembro que depois do ocorrido minha avó fez farofa de banana doce, café com leite e eu vi desenho, ainda soluçando baixinho, com a cara toda vermelha e a boca cheia de farinha açucarada. No fim do dia eu entendi que até que não tinha sido tão ruim.

Segui correndo pela casa mesmo com um aviso tão vívido na mão direita.

Dezessete anos depois, eu sigo com uma cicatriz fina, quase imperceptível.

Dezessete anos depois, não tenho traumas de puxador, de prego, de armário branco... É verdade que não corro mais pela casa. Mais por senso de ridículo e preguiça – que vêm com a idade – do que por trauma.

E pra mim isso diz muito sobre o amor.

Um término é como um corte inesperado: dói profundamente, causa raiva, sentimento de injustiça, tristeza, machuca em um nível nunca experimentado antes. E passa.

Passa a ponto de tentarmos outra vez, e outra vez, e depois mais uma...

Isso não quer dizer que não deixa marcas; lógico que deixa. Pra sempre lembramos, temos certa insegurança, mas a sensação de amar, a alegria de uma paixão, é como correr pela casa: por mais que te sujeite a certos riscos, a emoção faz valer a pena.

Tudo aquilo que você pensa sobre o amor é uma estratégia pra se machucar menos, mas nunca uma ferramenta pra se privar de viver uma nova história. Porque pode ser que seja uma boa história pra se entrar.

A cicatriz na minha mão é um lembrete diário de que eu preciso de cuidado comigo mesma, mas não preciso parar de correr por aí. Isso jamais!

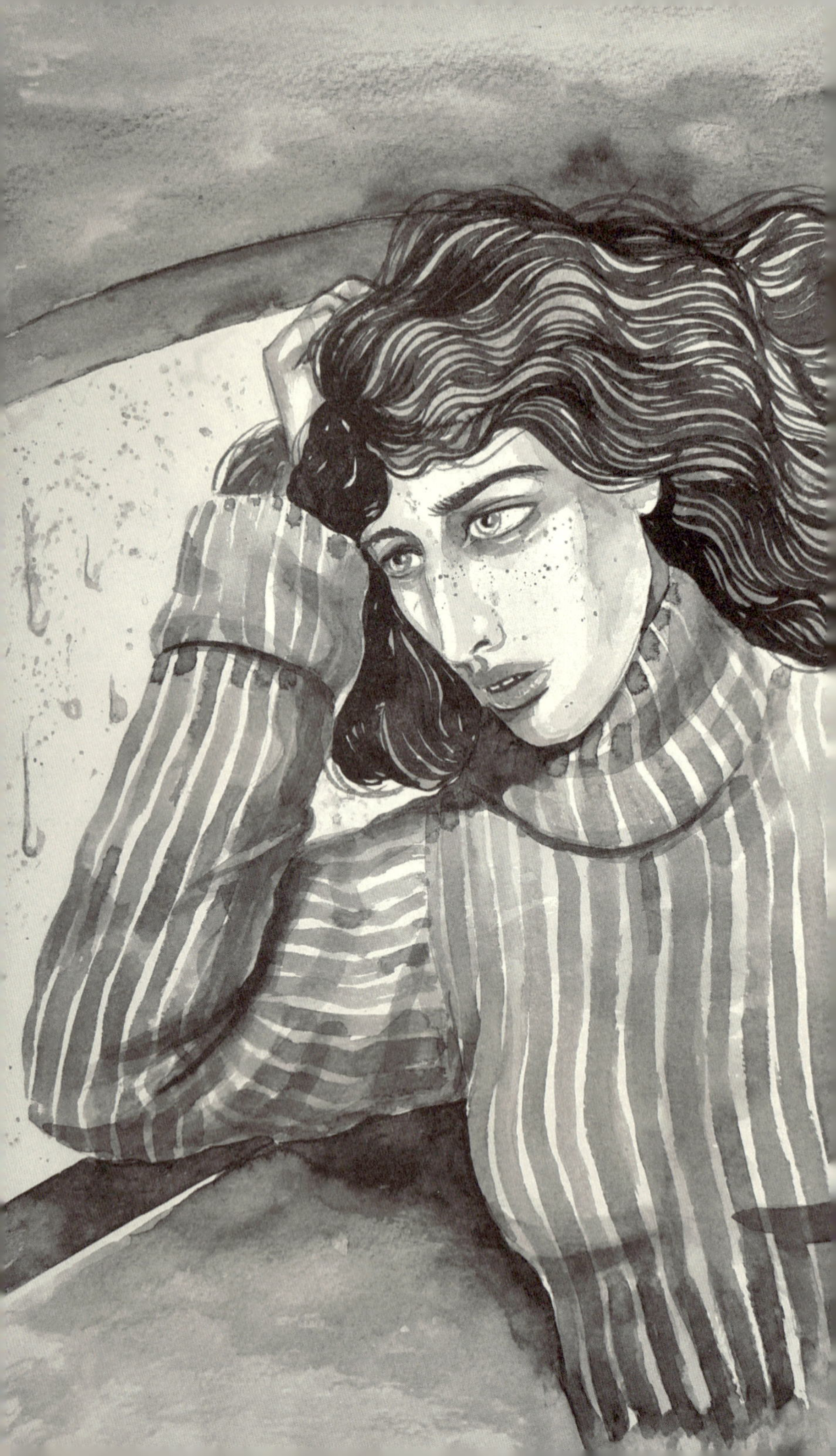

Um término é como um corte
inesperado: dói profundamente,
causa raiva, sentimento de injustiça,
tristeza, machuca em um nível nunca
experimentado antes. E passa.

A chuva da janela mais eu

Faz pouco tempo que me mudei pra São Paulo, mas já vi que a cidade faz jus ao apelido "terra da garoa". Aqui chove o tempo todo.

Quando eu era criança e chovia muito – em Floripa –, minha mãe me deixava ficar em casa. Como íamos a pé pro colégio, passando pelos barrancos, o trajeto não era lá muito simples. E como eu nunca tirei uma nota baixa, tinha direito a essa vida boa toda vez que o tempo virava. Bons tempos... ou maus, no caso.

Arrumo minhas coisas pra sair de casa desejando com todas as forças ter dez anos novamente, estar em Santa Catarina e com a minha mãe.

É verão, eu entro no carro de aplicativo e na rádio toca Jason Mraz. A trilha não combina com a cena e eu acho isso engraçado. Mais ou menos quarenta minutos até o

Morumbi. Com chuva, talvez sessenta. Tenho mania de ficar com a cabeça encostada na janela, naquele clichê tão batido de me sentir como num clipe dos anos 2000.

O vidro está pintado de gotinhas transparentes. A chuva segue firme e forte. Algumas das gotas batem no vidro e ali permanecem, imóveis, como se ignorassem o vento. Outras, mais pesadas, com maior volume de água, descem, lentas, preguiçosas, pela janela. Uma em específico chamou minha atenção.

Ela veio de cima, desde onde a janela começa, bem no meio do vidro. Veio descendo calmamente como as outras, deixando um pouco de líquido no caminho e se esvaindo pelo trajeto, sumindo aos poucos. Até que outra gota, vinda da diagonal, se chocou com ela e as duas se fundiram. Dessa maneira tendo mais força pra completar seu destino, a nova gota chegou, ainda com volume, no final da jornada, e ali se embaralhou com o resto da chuva.

Dizem que a água é o elemento que mais fala sobre as nossas emoções, por estar ligada à lua, à fluidez da vida e também aos signos mais profundos e sentimentais do zodíaco. Por isso não me surpreendi ao sentir tanta empatia por uma gotinha na janela: a água nos deixa lúdicos, quase bobos. Me identifiquei. Aquela gotinha solitária tinha dado tudo de si, já não podia mais sozinha; só quando recebeu uma força inesperada foi que seguiu em frente.

Eu sinto que às vezes me perco um pouco de mim no caminho do desamor. É como se uma parte minha fosse entregue ao outro para nunca mais... E só quando chego ao fundo do poço percebo que posso reaver a parte que falta direto da fonte: minha família, meus amigos, meu trabalho, minha rotina e meu humor. Eu sou capaz de me encher de vida porque ninguém é capaz de me tirar a luz. E pra isso eu quase sempre preciso de ajuda – e aceito. Aqueles que me amam me emprestam afeto pra eu conseguir seguir mais um pouquinho até estar na minha completude de novo.

Somos todos gotinhas esperando outras gotinhas pra chegar ao final da janela de vidro. Sem amor somos gotinhas estagnadas, jogadas à própria sorte e ao vento.

Minha reflexão foi silenciosa, obviamente; não quis assustar o motorista. Cheguei ao destino e ainda garoava, mas dispensei o guarda-chuva.

A chuva não me incomodava mais, agora eu a entendia. Somos iguais em muitos níveis.

Eu sou capaz de me encher de vida
porque ninguém é capaz de me tirar
a luz. E pra isso eu quase sempre
preciso de ajuda – e aceito.

Fique bem! É uma ordem

FIQUE BEM!
O PIOR JÁ PASSOU.
MELHORA LOGO.
MELHOR AGORA QUE MAIS TARDE.
E o meu favorito: você ainda vai sofrer muito por amor.

Não sabemos ver ninguém mal. Nunca nos foi permitida a tristeza, por isso não temos como lidar com ela. Nos falta material, nos faltam ferramentas.

Não sabemos dar condolências, não sabemos consolar e tampouco sabemos lidar com um fim de ciclo, seja nosso ou dos outros.

Por isso o que nos resta é pular essa fase, passar adiante, tratar com descaso, fingir que é bobagem... Se eu fingir que não sinto por tempo suficiente, será que em algum momento eu paro mesmo de sentir?

A verdade é que a única maneira de passar pela dor é... passando por ela.

É necessário estar.

A parte boa de chegar no fundo do poço é que não existe como ir mais pra baixo. Depois do fundo, a única via é pra cima.

Sinta, mesmo se todo mundo disser pra você fazer o contrário. O fora não existe; todas as respostas estão aí dentro, inclusive a da cura.

Não se apegue à raiva, ao medo e à culpa. Agora é hora de olhar pra dor como ela é. E a dor passa, mas pra isso é preciso estar presente.

Não sinta culpa por não superar rápido. Velocidade nada tem a ver com capacidade.

Você não é menos por demorar mais pra se sentir bem depois de terminar uma relação.

Eu sei que dói, mas confia no processo. Você não está sozinha, por mais que pareça.

Um dia isso tudo vai ser só lembrança, mas não guarda na memória o que está sentindo agora, não; sente tudo que tem pra sentir pra deixar ir sem apego.

Uma hora passa, mas essa hora não tem pressa. Essa hora não tá marcada.

Se cuida.

Sinta, mesmo se todo mundo disser pra você fazer o contrário.

A todos os meus ex que fizeram de mim uma mulher inteira

Escrevo este texto, neste minuto, em cacos. Me sinto destruída mais uma vez depois de ter me dedicado tanto a alguém.

Não sei amar pouco, e talvez seja um defeito. A entrega é tanta, mesmo que não suficiente, que eu me sinto em pedaços depois do fim.

E é assim que eu estou neste exato momento. Sei que o tempo é rei, e agora só ele vai me ajudar. Não há compreensão no mundo, colo ou conversa que me tire dessa agora; é preciso sentir. Só se passa pelo luto passando mesmo.

E, depois de alguns términos e alguns textos, já consigo observar meus sentimentos do alto e catalogar cada um deles.

Frustração é o que mais aparece agora que tudo está fresco. Errei de novo? Depositei demais em alguém que quis de menos comigo? Sinto que sempre aposto minhas fichas no lugar errado. Vou ser a que eternamente quase acerta?

Tristeza é de praxe. Meu corpo todo dói e eu não sinto fome. Choro por qualquer coisa, e acabei de avisar a uma amiga, que insiste em dizer pra eu me sentir grata e aprender com a situação, que eu só preciso de carinho, e não de uma lição de vida. Tô magoada demais pra ver luz no fim do túnel, pra colocar na balança meus feitos e os dos outros; agora eu só quero um abraço.

E aí vem ela, a solidão. O término é um processo individual e intransferível, e eu me sinto mais sozinha do que nunca. Me sinto desamparada, sem poder confiar em ninguém, e quero sumir do mundo ao mesmo tempo que quero gente do lado me dizendo que tudo vai ficar bem.

Sinto raiva. Quem ele pensa que é pra fazer isso comigo? A raiva do outro é forte, mas não me consome, já que a raiva que sinto de mim supera. Por que eu me entrego tanto? Por que não me poupo e me protejo? Eu sou muito mais. Eu preciso ser muito mais! Por que eu sempre me diminuo?

Por último, e talvez um pouco menos importante, sinto impaciência. Sei, no fundo, que isso vai passar, mas queria que o tempo corresse mais depressa. Não quero enfrentar tudo que sei que vou enfrentar, quero chegar ao final de uma vez, quero rir de tudo e contar esta história em algum lugar. Eu sei que passa, mas, ai, que caminho chato.

Silêncio. Escrever sobre a dor me acalma, e mais uma vez sou eu por mim contra o resto. Me sinto mais forte no final deste parágrafo; minha terapia é rasgar o papel com a precisão que me falta na vida. Me sinto mais eu quando coloco pra fora o que acho de mim.

Eu não sou dor, eu sou amor, e isso tudo passa. Sempre passa. Se eu tô aqui, é porque passa. Se você tá aí, é porque passa.

Não estou em cacos – cometi um erro de expressão. Cacos são pequenos fragmentos e eu nunca fui pequena nem quebrada. Mesmo na dor eu me faço grande, sinto por muitos e aguento até demais. Eu não estou em cacos. O fim não sou eu, apesar de fazer parte de mim. Até minha dor me faz inteira.

Nunca estive em cacos, mas sempre estive disposta a quebrar. Eu sigo assim.

Nunca estive em cacos,
mas sempre estive
disposta a quebrar.

O amor da minha vida não é o pai dos meus filhos

O maior pé na bunda que eu levei na vida aconteceu nos meus vinte e cinco anos, no meio da primavera e dois meses depois que eu fui morar sozinha pela primeira vez.

Meu primeiro apartamento não tinha elevador, só quatro grandes lances de escada extremamente desafiadores depois do mercado. Eu morava no último andar. Vivi muitas coisas boas naquele prédio, mas a cena mais nítida é a do rosto dele, inchado de chorar, olhos vermelhos, descendo a escada e olhando pra trás pela última vez. Pedi de volta o controle do portão. Avisei que tinha esquecido meus óculos de grau na casa dele. E só. Ele se foi.

Tentei ser forte por muitas e muitas semanas. Se ele não me quis, paciência; tentei não sentir nada.

Em uma madrugada, lutando contra a insônia que não me deixava descansar, fui pra parte de fora do apartamento, numa grande varanda a céu aberto. A noite não estava fria nem quente e chovia uma chuva grossa que fazia barulho quando batia no chão.

Eu me deitei no piso gelado, sentindo os pingos caindo sobre mim, e ali eu chorei tudo que podia chorar, senti toda a dor que tentava esconder, toda a dor de perder meu grande amor. E prometi naquele chão frio que quando me levantasse a dor teria ido embora com a água, teria se esvaído pelo ralo sem chance de retorno.

Eu gritei, ignorando a lei do silêncio do condomínio, senti o peito rasgar e me deu vontade de socar o chão, quebrar o concreto, sumir dali. Senti em uma única hora tudo que estava evitando havia tempo.

Entrei em casa encharcada, exausta e com frio. Tomei um banho quente, coloquei um pijama gostoso e tive a melhor noite de sono em semanas. Ali iniciou o meu – longo – processo de cura.

No dia seguinte eu não quis mais experimentar a solidão. Liguei pra minha tia, que morava ali perto numa casa no meio do mato que mais parece um refúgio – com direito a galo, cachorro e fogueira no quintal.

Cheguei na minha tia, dei um abraço nela e ali fiquei, tentando me esconder dos meu próprios pensamentos. A esposa dela apareceu com boas-novas: "Vai ter churrasco, a Marisa vem aí!".

Marisa, alguém que eu descobriria mais tarde ser de grande importância no meu processo de recuperação, era uma senhora de sessenta e quatro anos, amiga das minhas tias de longa data e o tipo de pessoa que ama conversar (o meu tipo de pessoa!).

Ela chegou, me cumprimentou e sentou à mesa. Tomou uma cerveja e falou amenidades.

Minha tia, muito observadora de mim, me lançou um olhar indecifrável antes de perguntar:

— Marisa, você já perdeu um grande amor?

Marisa riu, o que me desestabilizou. Achei uma audácia. Ela tá rindo de quê? Eu tô sofrendo!

— Eu já perdi vários. Sigo perdendo.

Ela seguia com um sorriso, parecia não se preocupar.

— A vida é assim mesmo, experimentar vários amores, de vários jeitos. Quando eu conheci meu vizinho, achei que ele seria o cara, o grande amor da minha existência. Mas não dava certo, tinha tanta discussão, tanta imaturidade. Então ele foi só o meu primeiro grande amor. Amei o grande amor da minha vida um pouco depois. O cara trabalhava comigo e me incentivava, me ajudou a passar por muita barra e me fez sentir livre dentro de um relacionamento. Acabou um tempo depois, mas foi um grande amor delicioso.

Uma das minhas tias que fazia o churrasco parou um momento para servir o pão de alho e encher o copo dela e o da Marisa de mais cerveja. E então comentou, enquanto sentava na cadeira de plástico ao lado:

— E isso tudo antes dos trinta?

Marisa bebeu um gole grande, fez uma careta, franzindo o cenho, e disse, em tom de obviedade:

— Ah, nossa, muito antes! Eu tinha meus vinte e cinco quando encontrei o Sérgio.

Ela se virou pra mim, a única desconhecida do grupo que não sabia nada da sua história:

— Sérgio é meu ex-marido. Quando o conheci, pensei: esse vai ser meu grande amor pra sempre, o grande amor com quem eu vou ter filhos. Na hora já saquei que ele seria o pai das minhas futuras crianças. E que acerto! Foi um paizão, um marido amoroso, gentil, um grande amor pra não se pôr defeito. E ainda hoje somos amigos, nosso amor segue de um jeito diferente. Ainda compartilhamos tanto afeto; eu não seria capaz de medir o carinho que sinto por ele. Mas sei que é muito, sei também que o amor por si só não acaba, sempre tem um pouco a mais. E hoje... pasmem...

Ela fez uma pausa dramática, virando a cabeça e olhando pra cada uma de nós por um segundo inteiro.

— Hoje eu reencontrei o meu vizinho, meu primeiro grande amor. E estamos nos reconhecendo...

Ela caiu numa gargalhada solitária que logo foi acompanhada de outras, de todas nós. Impossível não abrir um sorriso diante de tamanha espontaneidade... Ela emendou, com um tom divertido:

— Veja só, não estou velha pra grandes amores. Posso até reciclar alguns!

Eu ri de novo. Minha tia me olhou, cúmplice, como quem havia planejado todo um desenlace. Aquela conversa era tudo de que eu precisava.

Jantamos, falamos mais umas bobagens e no fim da noite, na frente da lareira, me despedi da Marisa com um abraço apertado.

Marisa abraçou meu coração. Eu, que sentia que havia perdido parte de mim, entendi ali que foi mais um grande amor que vingou pelo tempo que dava.

É uma sorte ter a oportunidade de viver tantos amores sendo uma só. Que vantagem divina ter um sentimento tão infinito que pode ser renovado a todo momento – ou reciclado, como diria minha nova amiga.

A partir daquele dia, abri espaço pro meu novo grande amor.

E, quando ele veio, eu o recebi sem surpresa. Dona Marisa já havia anunciado sua chegada.

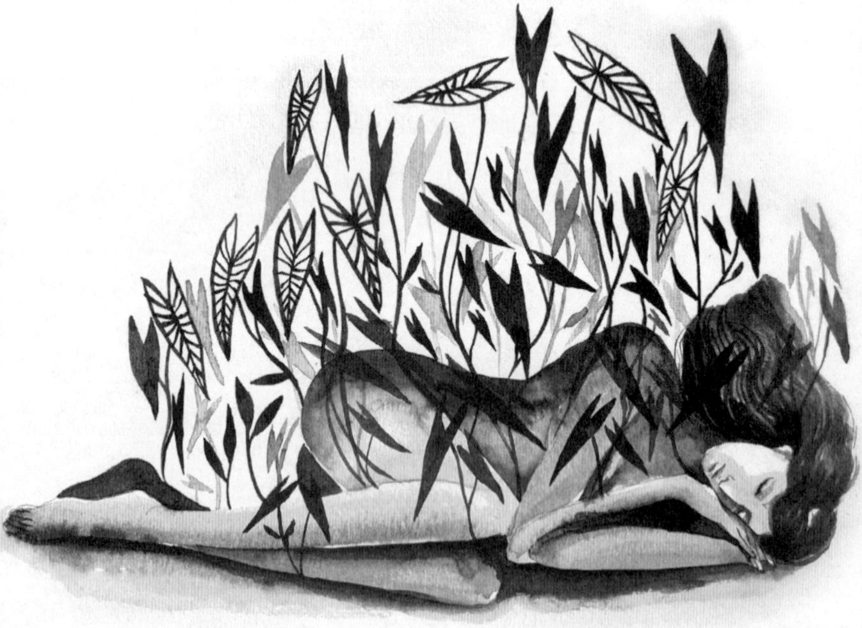

Que vantagem divina ter um sentimento tão infinito que pode ser renovado a todo momento.

Conversa final

Não tinha vinho, nem cigarro. Não tinha meia-luz, nem música triste, nem sax chorando. Não tinha o humor ácido típico das reuniões. Em nada parecia com uma cena de Bukowski. Não tinha mais medo e lágrima, porque aquela era uma das milhares de conversas finais que eles já viveram. Era só mais um último adeus dentre os milhares que já deram. Ele espera olhando pro nada, não tem mais a emoção do fim:

— Eu já te pedi perdão. Me arrependo de hoje a nossa história se resumir ao meu erro.

Ela também não demonstra sentir o mais doloroso aperto no peito. Está séria. Os olhos brilhando mais que de costume por causa das gotinhas de água que esperam, pacientes, pra ganhar força e virar rio. Respira fundo pra não embargar a voz:

— Eu me orgulho muito de mim porque eu, pela primeira vez, lidei com as coisas que eu sinto pra poder viver o amor da gente. Eu tinha muito caminho pela frente... Tenho ainda, mas eu dei o meu melhor.

— Sim... Eu sempre soube, e sempre lidei com tudo isso porque eu te amava. E depois entreguei de bandeja tudo aquilo que você temia. Eu dei todos os motivos para os teus medos terem razão. — Ele coloca as mãos no rosto, e nunca vamos saber se o gesto corresponde a vergonha ou a tristeza.

Ela quase se arrepende. Não dá pra tirar a raiva do coração em uma hora de conversa, mas é possível resgatar a compaixão e com ela um senso de realidade que cura.

— Eu nunca vou saber o que teria acontecido se esse caos não tivesse rolado. Talvez a gente tivesse terminado por um erro besta, ou por minha culpa, ou um de nós poderia se apaixonar por outra pessoa... Ou a gente poderia casar e ser feliz pra sempre. Nunca vamos saber. O que eu sei é que a gente se amou muito e que a gente fez o que deu. Os dois com muito medo, não querendo se entregar. Os dois. Os dois se machucando por não saberem lidar com o passado, por não pensarem em conjunto. Os dois. Apesar do teu erro, não teve um culpado. Foram os dois. Fomos nós. Nós plantamos o fim.

Uma pausa, um silêncio e um suspiro antes de ela continuar:

— Apesar de tudo, eu sou grata pela tua existência ter esbarrado na minha.

Eles se olham, talvez pela primeira vez desde que a discussão começou.

— Não existe dor que não gere transformação. Toda dor vem com uma lição, um aprendizado. O ruim das pessoas é que elas ficam focadas na dor e esquecem as lições. Eu vivi as coisas mais lindas da minha vida com você, e isso ninguém tira. Ninguém apaga. O resto é dor que ainda vai ser transformada. Eu amo você. Eu também sou grato pela tua existência.

— Eu amo você, também.

Eles saem. Não tem abraço, não tem aperto de mão e não tem piada pra quebrar o gelo, mesmo sendo a especialidade do agora ex-casal.

É o fim, e a ele se deve o respeito fúnebre dedicado aos defuntos.

Todo término é uma morte de dois corpos e um só coração.

Todo término é uma morte de
dois corpos e um só coração.

O tempo que o tempo tem

— Eu quero um tempo.
— E quem não quer, né? O dia s-se esvai, parece que as-s horas estão mais curtas — respondi sem prestar tanta atenção, sem dicção, com a boca meio fechada segurando entre os dentes um grampo de cabelo enquanto tentava, sem sucesso, fazer um coque no alto da cabeça.

Ele se pôs na minha frente e colocou as mãos no meu rosto, me fazendo olhar pra ele.

— Não, eu quero um tempo da gente.

Ele não tinha uma expressão de graça. Não parecia ser uma nova piada interna, e eu podia jurar que tinha um ar de choro iminente.

Não consegui raciocinar muito bem, só disse um "tá bom, se você acha melhor", e então ele saiu. Me pareceu programado; não teve espanto por eu ter aceitado sem questionar. Foi só o que era pra ser.

Quanto tempo um tempo tem? Existe regra? É um término medroso? Me parece um rompimento sem coragem. Porque você vai embora, já não está mais a dois, mas ainda existe um resquício de esperança. Ainda que se arranque a rotina, existe o vínculo.

E vínculo não se supera. O vínculo é o elo perdido entre o estar presente e o ser presente. Não há como superar alguém quando existe vínculo. Por isso o tempo é tão cruel. Não nos dá ferramentas pro triunfo, não sentimos raiva, nem pesar, nem ódio, nem o verdadeiro desejo de seguir em frente.

O tempo é uma eterna sala de espera. É uma caixa branca sem entrada de luz, com um lugar pra se acomodar desconfortável. É um café morno. O tempo é o fim dos covardes.

Dizem que o tempo é o espaço necessário pro pensamento crescer. E quais tipos de pensamento se cultivam longe de quem se quer bem? Volto a dizer que o tempo é uma tentativa de achar argumentos pra se livrar dos nós.

Não tenho paciência pra indecisão, não dou tempo ao tempo porque sei que o tempo passa rápido por mim.

Escolhi o final. Mesmo que tenha sido precipitada, eu me senti aliviada.

Não sou dada às vírgulas. Prefiro. Os. Pontos. Finais.

São os pontos-finais que antecedem novos começos, nunca as reticências...

Prefiro sofrer a dor a sofrer a pausa.

Prefiro sofrer a dor a
sofrer a pausa.

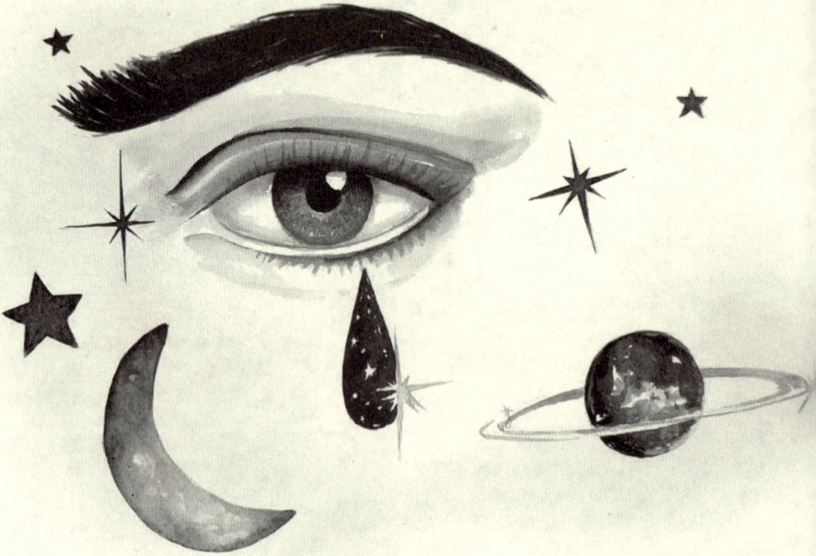

Tudo que vem de bom do ruim

Eu sei que a maior parte das pessoas espera uma tristeza profunda quando o assunto é término. Eu sei.

A gente adora um drama; ter um texto ou outro que nos faça chorar é gostosinho, às vezes a gente precisa de um empurrãozinho pra *bad vibe*.

Mas a gente precisa admitir que todo fim tem seu lado positivo.

Não que eu seja fã da crença de que quanto mais na merda você estiver mais seu lado artístico é explorado e melhores as ideias que surgem. Também não acho que a gente precise levar um pé na bunda pra ir pra frente e zero acredito na máxima "azar no amor, sorte no jogo".

Mas o fato é que, se a vida te der limões, faça uma limonada.

E tentar achar um lado positivo no meio de tanta merda é mais uma estratégia de sobrevivência do que qualquer outra coisa.

Relações são como um espelho: vemos no outro o que está em nós. Ficamos cara a cara com medos, angústias, culpas e sonhos. Por isso, pra mim, os términos sempre foram um intensivão de autoconhecimento.

Eu sinto uma necessidade tão grande de cuidar de mim, me acolher e me acalentar que é quase como férias pra minha autocrítica, um respiro pra minha autoestima.

E tudo aquilo que a gente cultiva cresce. Inclusive o amor-próprio.

Durante um bom tempo, por viver tão intensamente essa fase, eu acreditava que só gostava de mim mesma quando estava solteira. Parecia que namorar era sinônimo de me exigir mais do que deveria, e eu ficava desgostosa de mim.

O que é bem paradoxal. Porque as pessoas se apaixonam pela minha versão livre, feliz, abundante e alegre... Pela minha versão solteira. E eu sinto que não consigo dar conta dessa minha versão quando tô mergulhada num namoro. E aí o namoro enfraquece. Muitos tentam permanecer instigados pela lembrança do que foi um dia, lá no começo, mas isso não rende, não funciona por tempo suficiente e finalmente acaba. E eu me vejo solteira de novo, voltando a gostar de mim, e mais uma vez tudo se repete. É tudo igual, por mais que não seja a mesma coisa.

Ficar presa nessa roda de Samsara fez todas as esperanças de um relacionamento saudável sumirem da minha frente.

Era como se a possibilidade de ser feliz comigo mesma e namorar não existisse.

Em vez de fazer da memória a minha carrasca, resolvi fazer dela minha aliada. Em vez de retroalimentar os pensamentos de que solteira eu sou melhor, tenho buscado me lembrar das sensações que eu tenho quando me sinto feliz comigo, livre; lembro que eu posso sentir a mesma coisa dividindo o meu tempo com alguém. Como posso entrar em estado de presença de mim mesma enquanto eu compartilho uma vida?

Falamos tanto sobre relacionamento saudável, quase sempre apontando uma lista gigantesca de coisas que o outro pode ou não fazer conosco, enchemos a boca pra falar dos nossos limites e do que admitimos ou não, focamos o contrato e esquecemos do afeto. Ignoramos o fato de que a insalubridade da relação começa quando esquecemos do melhor de nós.

O meu relacionamento mais abusivo foi comigo mesma, mas eu, como minha própria rede de apoio, preciso me ajudar a sair dessa.

Sou eu por mim até o fim, só que dessa vez abrindo espaço pra ser amada por outro alguém.

O meu relacionamento mais abusivo foi comigo mesma, mas eu, como minha própria rede de apoio, preciso me ajudar a sair dessa.

A dificuldade de fazer o mínimo

Viver relacionamentos ruins é como um vício. Eu me sinto como um membro do AA. Amadores anônimos.

Sempre tive uma dificuldade gigantesca de terminar relacionamentos, e os meios inconscientes nunca me levaram por caminhos muito bons.

Como não conseguia sair com dignidade pela porta da frente, eu achava melhor fazer de tudo pra ser escorraçada pela janela. E aí a fanfic autobiográfica estava pronta: o namoro horroroso, e eu, sem conseguir sair daquela situação, arranjando todas as questões possíveis pra culminar numa briga e sair como a vítima da história que mais uma vez tomava um pé na bunda.

A maioria dos meus casinhos de amor me fez sofrer pela humilhação, e não pela falta. Quase sempre meu luto foi pelo orgulho ferido: eu sofria pela morte lenta de tudo aquilo que eu achava que era.

Meus ex, coitados, quase sempre transformados em vilões da minha história, sempre injustos, traiçoeiros e mentirosos.

Por viver tanto dentro da minha cabeça e pouco na realidade, sempre tive a sensação de ser surpreendida pelo fim: DE REPENTE SOLTEIRA! Parecia sempre que era uma decisão tomada do dia pra noite; eu nunca considerava o desgaste da relação.

Sou campeã em esquecer desentendimentos, então aquela discussão boba que acabava durando três dias não passava de uma discussão boba que tinha durado muito mais do que deveria. Eu nunca considerava as consequências do veneno, em doses homeopáticas, ministrado regularmente graças às mais tolas briguinhas sem fundamento. Eu nunca considerava o processo, por isso sempre era pega no susto pela minha própria armadilha.

E assim eu me sentia abandonada. O que era perfeito pra que eu dissesse pra mim mesma, sem pudor algum: você nunca vai ser feliz e amada, você não consegue, sempre todo mundo vai embora.

E eu seguia nessa roda de Samsara me achando não merecedora, vivendo relacionamentos não muito bons e atraindo caras que colaboraram, e muito, com as temporadas da minha série que repetia o mesmo arco dramático, sem muitos plot twists: eu não sou digna de viver um bom amor.

Caras egoístas, sem muita responsabilidade afetiva e narcisistas foram sempre o meu tipo de cara ideal. A gente sempre busca reforçar as nossas falhas na relação; é sempre um espelho.

E saber disso tudo é só o primeiro passo pra mudança: ainda falta muito trabalho e muita terapia pra chegar no passo dois, que é buscar viver algo diferente do que já conheço.

Porque saber que algo te faz mal está longe de resolver qualquer questão. É como saber que existe um calo no seu pé, mas seguir usando os mesmos calçados. Todo entendimento, se não vier carregado de uma mudança de hábitos, só colabora pra aumentar a culpa; se eu já sei que me faz mal, por que eu não paro?

Só sei que cansei. Eu não quero mais ser prisioneira de mim.

Meu nome é Gabriela e eu ainda não sei amar, mas vou fazer diferente... Só por hoje.

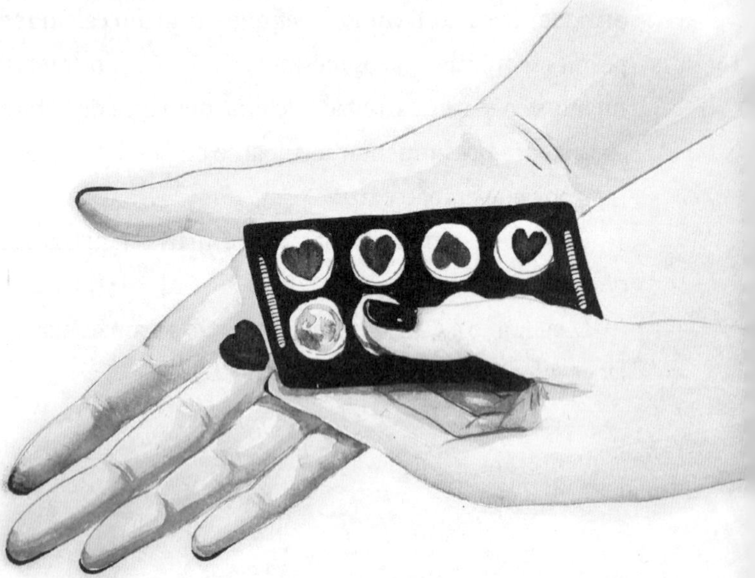

Porque saber que algo te faz mal está longe de resolver qualquer questão. É como saber que existe um calo no seu pé, mas seguir usando os mesmos calçados. Todo entendimento, se não vier carregado de uma mudança de hábitos, só colabora pra aumentar a culpa; se eu já sei que me faz mal, por que eu não paro?

O medo do agora

Eu não posso colocar a culpa da minha chatice em nada à minha volta. A real é que a chatice é minha mesmo, desde que nasci! Nem no signo eu tenho coragem de largar essa responsa.

Eu nunca fui diferente. E essa minha característica especial se manifesta principalmente em três pilares: barulhos no geral – não suporto –, pessoas que têm frescura pra comer – isso me tira do sério – e por último, mas não menos importante, frases piegas de Instagram. (Embora eu seja cheia delas, e é aí que mora meu lado mais hipócrita, mas isso é assunto pra outro texto.)

Odeio frases feitas que foram tiradas sabe lá Deus de que contexto e que juram trazer à tona uma verdade absoluta sobre qualquer coração. Odeio generalizações como um todo, embora faça muitas. (Outro traço hipócrita da minha personalidade. A gente volta a comentar disso um dia, juro.)

O mar de publicações do Instagram traz até mim uma infinidade de postagens carregadas de frases feitas. O algoritmo me odeia, essa é a única explicação.

Esses dias um desses posts trouxe à tona o pior de mim, de tão consternada que fiquei: "A depressão é o excesso de passado e a ansiedade é o excesso de futuro". Bateu uma revolta. Que coisa absurda resumir problemas tão sérios desse jeito, ignorando todas as outras coisas que os influenciam, como o meio em que se vive, a genética, os hormônios, as vitaminas, sei lá eu – não fiz medicina, muito menos a pessoa que escreveu essa frase boba.

Salvei a postagem. (Eu sei o que você está pensando: mais um traço hipócrita!) Tenho essa mania meio sadomasoquista de salvar coisas que me tiram do eixo só pra voltar depois e ficar fora do eixo de novo. Vai entender.

Fiquei refletindo, levei pra terapia e aceitei que talvez a frase fizesse sentido para algumas pessoas.

O que passou a me tirar o sono, em seguida, foi o método científico: eu precisava repassar todas as situações de ansiedade e depressão que já havia enfrentado pra ver se elas cabiam nessa teoria. Então, comecei a testar todas as minhas experiências pra ver se me encaixava no grupo de pessoas que viam sentido naquela bobice.

E até que em parte funcionou. Algumas das minhas tristezas mais profundas vinham de questões passadas, mas não podiam ser lidas como depressão. Muitas vezes a ansiedade morava junto na expectativa, então, sim, fazia um pouco de sentido.

Até que fui olhar pras experiências dolorosas que eu conhecia bem: términos.

E, sim, tinha tristezas do passado, tinha esperanças no futuro... Mas não era nem um nem outro. No que se resume a dor do fim, então?

No excesso de presente. A dor mora no sentir agora. Agora que não existem mais os planos do futuro, agora que não se pode mais consertar o passado, agora que tenho só a mim, agora que tudo que eu construí já não existe mais, agora que tudo parou sem estacionar, agora que eu me vejo sozinha sem estar, agora que o outro já é um desconhecido de mim, agora que eu nem sei mais quem eu sou... O que eu faço agora?

A gente só tem o agora, é óbvio, o futuro nem existe, mas parece que dói quando vivemos na prática o só ter o hoje.

Terminar uma relação é entrar numa briga com a esperança, e nem sempre a gente sai vencedor.

Mas é engraçado como às vezes meu traço hipócrita joga a meu favor. Por mais que doa, eu nunca perco a fé no amor. (Agora e sempre.)

A gente só tem o agora, é óbvio, o futuro nem existe, mas parece que dói quando vivemos na prática o só ter o hoje.

Humor é para todos

Mercúrio em gêmeos é pros fortes. Eu amo fazer mil coisas ao mesmo tempo, enjoo fácil, e o tédio é meu companheiro de todas as horas. Por isso estabeleci a regra dos três meses: eu vivo me metendo em cursos aleatórios e juro que dessa vez vai ser pra sempre. Isso só me faz gastar dinheiro e parecer uma doida que não sossega nunca. Então, eu só levo a sério as minhas obsessões se elas durarem mais de noventa dias. Foi assim que a ioga entrou na minha vida, o pole dance (sim, isso mesmo) e a stand-up comedy.

Durante a pandemia, assim como todo mundo, fiquei muito mais triste que o normal, por motivos óbvios, lógico; e uma das muitas faltas que eu senti nesse período foi a de achar graça de alguma coisa. De qualquer coisa. Imaginei que nunca mais ia gargalhar.

E, como a chata metódica que eu sou, em vez de abrir o TikTok e ver vídeos engraçadinhos, resolvi ir ao cerne da questão e comecei a estudar comédia.

Entrei num curso de stand-up on-line e me apaixonei. Vi que não sabia nada de nada (sensação essa que eu adoro, confesso) e que sempre estou fazendo graça por intuição mesmo. O amor foi tão grande que no pós-pandemia resolvi fazer o curso presencial, cheio de gente legal que queria aprender a fazer rir, ou só conseguir rir de si mesmo porque se levar a sério demais é deprimente.

As primeiras aulas do curso são superbaixo astral, e não sou eu que tô falando, não. O próprio professor acha graça dessa contradição: pra sorrir é preciso antes chorar. Os primeiros encontros servem pra cavoucar a merda, se jogar no fundo do poço e encontrar nas entranhas mais profundas do seu ser aquilo que te paralisa, aquilo que te dá medo e raiva. Por quê? Porque é só superando o teu maior BO e achando graça dele que você vai conseguir fazer graça de qualquer coisa.

E a dinâmica em si não ajuda. A turma toda em silêncio enquanto um pobre coitado sobe no palco e inicia o monólogo da tragédia autobiográfica. Ninguém pode interromper, nem mesmo o professor. No fim do desabafo não tem palmas, nem abraços, nem cabeças concordando. É só você encarando seus medos na frente de todo mundo. Um terror pros introvertidos.

Na minha vez teve chororô e muitos passos rápidos pelo palco, uma inquietação que não é natural minha, mas que eu encontrei ao lidar com aquele nível de exposição (e olha que de exposição eu entendo!).

Quando desci do palco, me senti um pouco mais leve pra só observar os meus colegas. E que experiência antropológica essa.

Mulheres maduras, respeitadas nas suas carreiras, às vezes com filhos criados e sem problemas de dinheiro; homens feitos, 30+, barbados e musculosos chorando ao falar sobre... relacionamento. A maioria esmagadora da turma trouxe à tona o mesmo trauma: a falta de amor.

Um cara em específico chamou minha atenção. Ele era do tipo que não sorria, cara fechada, boné e roupa larga. Tudo na expressão dele dizia: EU SOU UM CARA BRAVO. Embora ele tivesse certa semelhança com os Ursinhos Carinhosos, mas pode ser uma brisa minha. Subiu no tablado com cara de decidido, olhos fixos no fundo do teatro. Não se mexia pra lá e pra cá como eu; ficou estático na frente da luz. Falou poucas palavras antes de desabar.

Descreveu a ex nos mínimos detalhes, disse que nunca havia amado assim, que ela era maravilhosa em tudo e que ele tinha perdido a oportunidade da vida porque não soube demonstrar que a amava, mas que também isso não era culpa dele: nunca ninguém havia ensinado essa coisa difícil que é o amor. Foi jogado no mundo, criado pelo acaso, e tinha muito pouco do que pra mim, pelo menos, sempre havia sido fartura: afeto.

Chorei junto. A compaixão me pegou e eu fiquei com dor no coração pensando que, no fim, todo mundo tem um trauma desses. A gente nunca passa ileso pela paixão. E não há nada mais sem graça do que um relacionamento mal resolvido.

E ali era a oportunidade de criar algo que transcendesse essa dor em riso. Eu não tinha tanta fé assim na graça como tive semanas depois, quando ele apresentou a primeira versão do seu texto sobre namoros. Ele contou as mesmas coisas tristes com outra roupagem, e a minha compaixão se transformou em admiração. Eu gargalhava sem pesar, e ali eu entendi que só é possível achar graça daquilo que não dói mais, mas, enquanto não para de doer, dá pra se esforçar e rir, só pra dor ir embora mais depressa.

Aquele homem sorrindo na minha frente com o papel numa mão e o microfone na outra era prova viva disso.

Pós-curso nós perdemos contato, mas meu coração romântico torce pra que ele ache o amor como quem acha graça das coisas; em tudo e a todo momento.

Eu ainda não sei se o amor é pra todos, mas o humor é. E, enquanto não tem a quem amar, que a gente pelo menos ache motivos pra sorrir.

O humor e o amor me salvaram mais vezes do que eu consigo dizer, por isso hoje eu torço pra que toda dor de amor vire uma boa piada pra contar.

Eu ainda não sei se o amor é pra todos, mas o humor é. E, enquanto não tem a quem amar, que a gente pelo menos ache motivos pra sorrir.

Este texto não é sobre água

Pedro tinha um balde cheio de água. E ele queria compartilhar o tanto de água que tinha com outras pessoas.

Muita gente chegava em Pedro querendo um pouco de água e oferecendo um pouco de água também. Pedro não via problema nenhum em entregar aquilo que ele tinha de sobra. A grande questão pra ele era sempre a logística. Pedro havia tentado de tudo!

Uma vez ele virou o balde inteiro de uma vez só, repentinamente, em cima de uma pobre coitada. A mulher fugiu, amedrontada e assustada, e nunca mais voltou.

Com medo de assustar outras pessoas, ele passou a racionar a entrega de água. Começou a entregar pouquíssimas porções em pequenos potes. Era tanta escassez que as pessoas não aguentavam; elas também tinham muito a oferecer e recebiam tão pouco... não era uma situação confortável. Elas também iam embora.

Pedro ficou tão cansado de ver todos indo embora sempre, independentemente do que fizesse, que passou a ter medo de entregar a água e mais uma vez ser abandonado.

Um dia, Lúcia chegou, querendo um pouco. Pedro queria muito compartilhar, mas estava exausto e nem sabia como transferir. Todas as tentativas anteriores haviam sido frustradas.

Lúcia tinha paciência de sobra e pensou em mil formas de resolver aquilo da melhor maneira. Com a ajuda de Pedro, ela podia chegar a uma solução.

Depois de milhões de tentativas, os dois resolveram arriscar um sistema de encanamento pra levar a água em segurança pra onde ela fosse necessária. Um caminho mais seguro, mas não livre de falhas: às vezes os canos estouravam! Quebravam! Acidentes aconteciam e também mudanças no percurso, um cano colocado a mais ou a menos, mas tanto Pedro como Lúcia tinham certeza de que por aquele caminho o escoamento era realizado de maneira justa, real e objetiva. O fluxo era constante e recíproco.

O caminho não era perfeito, mas tinha sido pensado a dois. O caminho não era o ideal, mas era o melhor que os dois podiam entregar. O caminho não era livre de perdas, mas era forte o suficiente pra ser refeito quando necessário.

O problema nunca está na água, mas sim no caminho pra essa água chegar aonde precisa. Ninguém nunca tem água demais nem de menos, tudo é sempre perfeito... Só é preciso cuidar das vias.

Assim também funciona o amor.

Ninguém nunca tem água demais nem de menos, tudo é sempre perfeito...
só é preciso cuidar das vias.
Assim também funciona o amor.

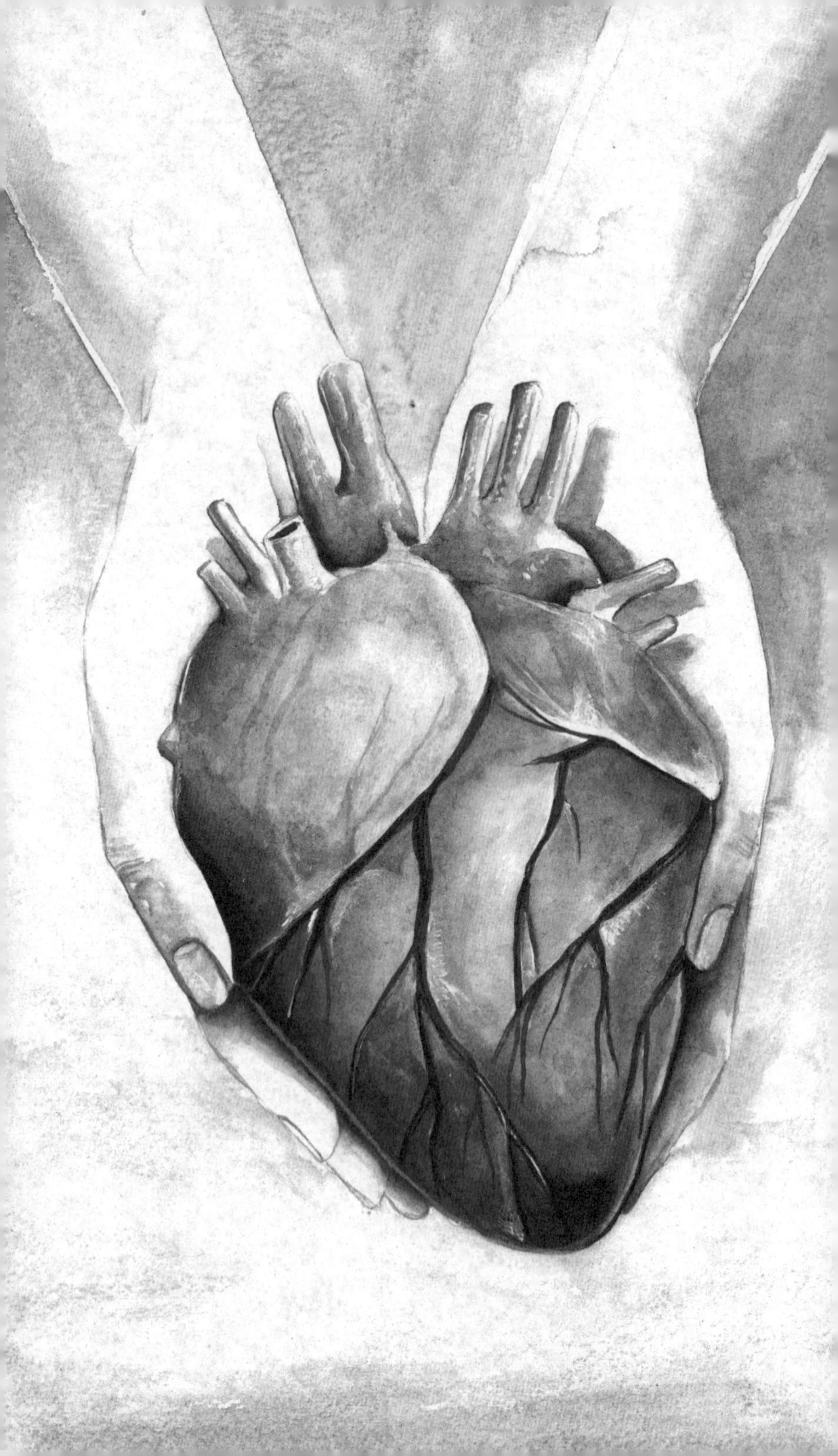

O hormônio dos solteiros

Se existe um bicho mais subestimado que o morcego, eu desconheço. Até o pobre ornitorrinco é mais lembrado que ele, mesmo que seja pela esquisitice. É aquela velha história: falem bem ou falem mal, mas falem de mim.

Agora, os morcegos... Esquecidos no churrasco, totalmente. E eles são bichos interessantíssimos. Apesar de serem conhecidos – superficialmente, diga-se de passagem – pelo mito dos vampiros, apenas três espécies se alimentam exclusivamente de sangue; o restante prefere frutinhas e coisas mais saudáveis. Animaizinhos veganos e fit. Fofo, né?

Mas a coisa mais legal sobre os morcegos é que eles se comunicam por ondas ultrassônicas. Eles têm uma coisa chamada ecolocalização que é sensacional. O som é de uma frequência tão alta que os humanos não conseguem ouvir, e é através desses sons que eles percebem objetos, identificam presas. Aposto que eles conversam em morceguês também: "Você viu a fulana? Tão pálida. Aposto que não bebe sangue há dias. Deve estar naquelas dietas da lua malucas...".

Várias outras espécies também emitem ondas invisíveis pra conseguir viver na natureza avassaladora. Baleias, por exemplo.

Ah, e, claro, os solteiros.

Os solteiros emitem o tempo todo uma frequência, uma energia, uma vibe, que só pode ser recebida por outros solteiros. Casais e pessoas comprometidas de qualquer maneira precisam de indícios mais óbvios de um término, como stories na balada, uma indireta musical ou postagens voltando pra academia. Fotos no feed apagadas também funcionam. Coisas assim.

Quem está livre, leve e solto já emite um sinal a partir do momento em que fica um pouquinho menos na fossa. Quando passa a fase pesada do luto, as vibrações solteirísticas já começam a se manifestar.

E os efeitos colaterais são sempre muito fáceis e rápidos de identificar. Geralmente começam no habitat natural da espécie em questão: o INSTAGRAM. Mensagens antigas são reavivadas do nada, aquele contatinho de 1998 que sumiu do mapa sem mais nem menos e que você nem lembrava que existia enquanto namorava surge reagindo a um story seu bebendo com a galera, o famoso emoji de foguinho mostrando a que veio. E os clássicos do tipo "E aí, sumida, nunca mais te vi!" surgem aos montes.

Tem aqueles mais discretos que fingem um interesse em saber o que você anda fazendo e que ainda comentam os posts que você compartilha nos stories falando sobre amor e relacionamento, Carpinejar aos montes definindo relações saudáveis através de poesia – que você ainda posta porque o coração não está totalmente curado, sejamos sinceros. Comentários do tipo "Isso é muito verdade, também acho que amor é assim!".

É isso, um sinal invisível e potente, capaz de atravessar prédios, fios elétricos e sinais telefônicos, chegando diretamente nos dedos de outro solteiro prestes a digitar qualquer coisa pra chamar sua atenção. E não tem como controlar; é natural da espécie. Solteiro emana solteirice.

Quem está livre, leve e solto já emite um sinal a partir do momento em que fica um pouquinho menos na fossa. Quando passa a fase pesada do luto, as vibrações solteirísticas já começam a se manifestar.

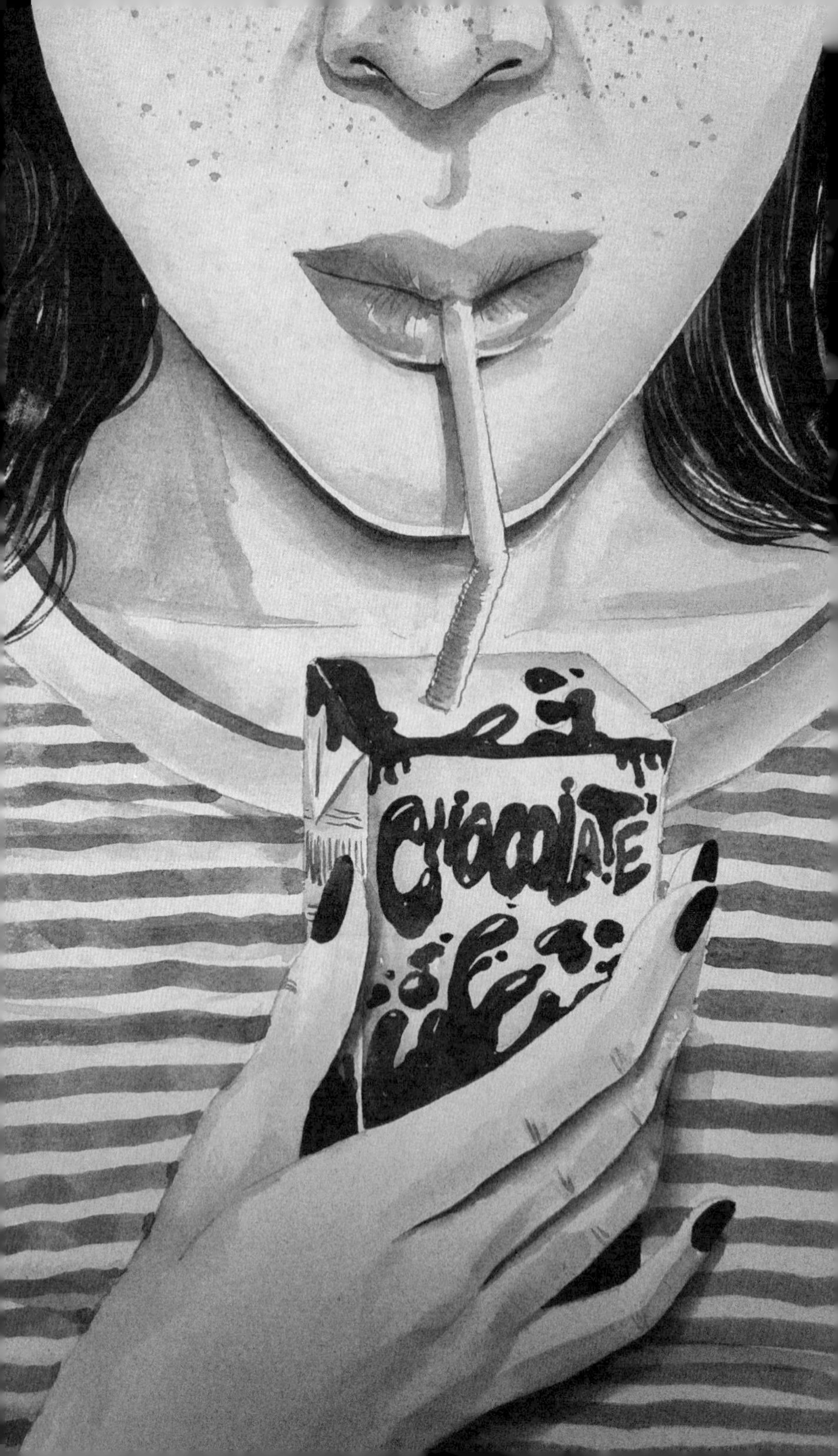
CHOCOLATE

Fim

A maioria das pessoas tem uma memória olfativa muito especial. O cheirinho de bolo de fubá na casa da vó, ou então o cheiro de grama molhada do quintal, o perfume da mãe ou o cheiro inigualável de livro novo.

Nunca fui muito boa com cheiros; tenho certa dificuldade de acessar meus sentimentos só pelo perfume. Quando fiz aromaterapia, isso ficou mais que evidente: "Que delicioso esse óleo essencial de rosa", dizia eu, com o vidro de jasmim na mão.

Minha facilidade de expressão vem do som. Talvez por ter tanto amor pelas palavras e querer falar tanto, contar tanto de tudo, acabei associando experiências a barulhos. E, quando ouço alguma coisa que me desbloqueia uma memória, eu consigo visualizar as situações específicas da minha vida em que senti o mesmo. Uma espécie de gatilho sonoro.

E não pense que vem de uma música ou de um áudio do WhatsApp; os ruídos mais aleatórios despertam em mim as lembranças mais absurdas. É o caso do canudinho do Nescau. Sim, o canudinho do Nescau.

Quando era criança, eu sempre tomava um Nescauzinho, aquela bebida pronta em caixinha, cheia de açúcar, que pra mim era lida como felicidade.

Eu amava, pena que durava tão pouco. Alguns poucos golinhos e de repente um barulhinho chato, tipo um ronquinho, devido ao ar entrando no canudo, indicava que o fim estava próximo. Eu odiava aquele barulho. Porque ele não só anunciava o fim como também vinha carregado de uma semiesperança meio tola: "E se eu virar o canudo, levar pro lado oposto da caixinha? Talvez tenha mais um golinho escondido num cantinho". E assim eu ia ignorando os sinais à procura de mais do mesmo. Era um misto de ansiedade com ingenuidade. E então acabava. Eu jogava a caixinha fora e ia pro colégio.

Hoje, já adulta, saí com pressa de casa e comprei um pão de queijo e um Nescauzinho no caminho, entrei no carro correndo pra chegar no estúdio – o trânsito de São Paulo não ajuda quem já se atrasa naturalmente. Comi o pão de queijo sem queijo e com excesso de polvilho. E abri meu Nescauzinho. Coloquei o canudinho, que hoje é de papel, e tomei normalmente. De repente o barulho, a semiansiedade, a tentativa frustrada de mudar o canudinho de lugar e o fim. Me senti estranha e fiquei pensando: "Bom seria se tudo na vida fosse assim, com um término anunciado".

E a resposta da minha não pergunta veio em seguida: assim é, de fato. Todo fim tem um presságio.

Existe um momento exato em que a gente sabe que tá apaixonado. E também existe um momento exato em que a gente sabe que acabou mesmo antes de terminar. E existe um momento entre esses dois momentos que é chamado de relacionamento. E é por gostar tanto do objeto do relacionamento que a gente tenta a todo custo mudar o canudinho de lugar: a ansiedade nos faz ter diálogos intermináveis, juras de amor furadas, promessas de mudança não cumpridas; nos agarramos a qualquer possibilidade de adiar o inevitável. Mas o fim chega. E não é tão simples como jogar a caixinha no lixo e seguir adiante. O fim, nesse caso, deixa marcas.

Talvez se a gente encarasse o aviso com mais responsabilidade e menos culpa, se ele viesse só como um sinal de ciclo encerrado, e não com a frustração do erro, do não dito, quem sabe doesse menos. Às vezes a esperança é mais nociva que a raiva.

Jogar a caixinha fora é uma metáfora boa pra desapego, mas, como toda metáfora boa, ela funciona melhor no papel do que no coração.

Só nos resta acolher os gatilhos, lidar com eles e processar o fim. A única vantagem que enxergo nessa história é o fato de que, assim como os Nescauzinhos em caixinha, o amor também é encontrado com facilidade por aí. A gente só precisa, na maioria das vezes, não se deixar levar pelo medo, e sim pela vontade.

Eu – ainda – prefiro sentir alguma coisa a não sentir nada, e ponto-final.

Todo fim tem um presságio.

Editora Planeta Brasil | 20 ANOS

Acreditamos nos livros

Este livro foi composto em Karol e impresso pela Geográfica para a Editora Planeta do Brasil em julho de 2023.